高级日语

——精读篇（二）

总主编：王秋菊
主　编：毕克寒　王　岩
审　校：山田高志郎　多田俊明

北京大学出版社

图书在版编目（CIP）数据

高级日语：精读篇.2/王秋菊总主编. —北京：北京大学出版社，2011.10
ISBN 978-7-301-16650-5

Ⅰ.高… Ⅱ.王… Ⅲ.日语—高等学校—教材 Ⅳ.H36

中国版本图书馆CIP数据核字（2011）第209737号

书　　名：高级日语——精读篇（二）
著作责任者：王秋菊　总主编
组 稿 编 辑：兰　婷
责 任 编 辑：宣　瑄
标 准 书 号：ISBN 978-7-301-16650-5/H·2964
出 版 发 行：北京大学出版社
地　　址：北京市海淀区成府路205号　100871
网　　址：http://www.pup.cn
电　　话：邮购部 62752015　　发行部 62750672
　　　　　编辑部 62759634　　出版部 62754962
电 子 邮 箱：lanting371@163.com
印　刷　者：三河市富华印装厂
经　销　者：新华书店
　　　　　787毫米×1092毫米　16开本　14.25印张　310千字
　　　　　2011年10月第1版　2011年10月第1次印刷
定　　价：34.00元

まえがき

二十一世紀に入り、中国での日本語教育も多様化した社会のニーズに応じるべく、大きな変化が見られるようになりました。この変化の内容を大別すると、言語運用能力と異文化コミュニケーションの重視に集約されます。

しかし、今日の中国国内における日本語教育事情は新たな視点からの研究が進められている反面、伝統的な教材および教授法に頼る指導が続けられています。この現状の矛盾を解消すべく、『高級日語　精読編（一）、（二）』を編集・出版することになりました。

本書の出版・編集の原点は、「精読」に言語運用能力と異文化コミュニケーションの重視を踏襲した「新たな意義」を持たせることにあります。「新たな意義」とは、単に「読む」にとどまらず、より積極的に「読む」ことを通じて異文化の思考・行動様式を知り、理解を深め、学習者の人間形成および研究、論文執筆などに役立てることを指しています。

本書の特徴は『高級日語　精読編（一）』を引継ぎ、内容や難易度を考慮し、ジャンル別に作品を選択・区分したことにあります。このような配列区分は、中国

まえがき

での従来の精読教材ではあまり見られませんでした。配列区分の利点の一つに、同じジャンルの作品をまとめて「読む」ことで各ジャンルの作品の読み方を習得しやすくなることが挙げられます。「随想」、「小説」、「表現」、「詩歌」、「文化理解」の五つに分類しました。

また、『高級日語 精読編(二)』を精読学習の最終段階で使用される教材であると位置づけています。精読学習を思考・研究や論文執筆へつなげるために「表現」および「文化理解」という項を設けました。このため、「表現」、「文化理解」の二項の分類は作品のジャンルではなく、内容による分類を行ないました。

本書は各項の学習目標、作品本文、著者紹介、注、課題で構成しています。それぞれの作品を読む前に各項の学習目標を把握することで、各作品の理解を深めやすくなります。作品本文については、歴史的仮名遣いを用いるなど可能な限り原点に近い記述を採用しました。また、行間に幅を持たせてあります。これは、学習時にふりがなやメモを書き入れるためのスペースとしてご利用いただくためです。著者紹介では、著者の活躍時期の背景やその他の作品を挙げることで、学習者の自発的学習や考察・研究の手がかりに利用していただくのが狙いです。課題では、各作品の内容理解、考察から人間形成に役立つ設問を用意しました。

『高級日語 精読編(二)』は、およそ八百四十時限の高級精読前半の学習を修了した学習者を対象にしています。本書は九十六時限の学習を念頭において編集しました。

まえがき

『高級日語 精読編（一）、（二）』は実際の授業を通して蓄積してきた経験、課題を踏襲した成果の結晶です。本書の編集準備は二〇〇三年に開始しました。長きに亘り、実際に高級精読の授業で扱った作品の中から検討を重ねて作品を選択しました。また、実際の指導で改良を加えてきた経験を学習目標や課題等に盛り込み、今回の出版へとつながりました。

『高級日語 精読編（二）』の執筆、編集等は中国・東北大学外国語学院日本語学部内に設けた『高級日語 精読編』編集チームで行ないました。編集チームは、王 秋菊博士・教授、畢 克寒博士・準教授、王 岩博士・准教授、および日本語教育専門家で同学部の山田高志郎、多田 俊明で構成いたしました。

『高級日語 精読編（二）』の出版にあたっては『高級日語 精読編（一）』に引き続いて、北京大学出版社の蘭 婷、宣 瑄、肖鳳超に多大なるご尽力をいただきました。この場をお借りして、感謝申し上げます。

二〇一一年 秋涼の候 瀋陽・東北大学 にて

『高級日語 精読編』編集チーム 一同

目次

随想

小説

表現

詩歌

※文化理解

随想

◆文章の論理展開およびその要点について意見を述べてみよう。

◆文章を読んで共感したところ、疑問に思ったところなどをまとめて話し合ってみよう。

◆筆者の思考の展開を正確に読み取り、その捉えた問題点に即して考えてみよう。

◆これまでの日本語学習の体験と照らしあわせて、学習の心得を考えてみよう。

青春の意義について

河盛　好蔵

明治二十九年といえば、私などもまだ生まれていない前であるから、おじいさんやおばあさんの昔話を聞くような気持ちがされるかもしれないが、その年二十五歳の春を迎えた①島崎藤村《とうそん》は、仙台の東北学院の英語の先生として、はるばるこの青葉の都に赴任し、後に、「若菜集」の中に収められた数々の美しい青春の詩を書いた。その中の一つに②こんな詩がある。

若き命も過ぎぬ間に
楽しき春は老いやすし
誰《た》が身にもてる宝ぞや
君くれなゐのかほばせは
心の春の燭火《ともしび》に
若き命を照らし見よ
さくまを待たで花散らば
哀《かな》しからずや君が身は

そうして藤村は後にこの時代のことを回想して、③「小さな経験がすべて詩になった。一日は一日より自分の生涯の夜が明けていくような心持ちをいまだにわたしは思い起こすことができる。何を見ても目が覚めるようであった。新しい自然、新しい太陽、そして新しい青春、その時になってみると、過ぐる歳月の間自分の読みふけったものが、涙の多い④杜子美《としび》の詩集だの仙風《せんぷう》を帯びた李白詩集だの、またはわび尽した⑤西行の『山家集《さんかしゅう》』だのであって、この世を見尽したようなそれら古大家の後を追いかけるうちに、いつの間にか自分までが恐ろしく年寄りくさい青年になっていたことに気がついた。青年はよろしく青年の書を読むべきであると気づいたのも自分らの年ごろに古人はどんな所を歩いていたろうと考えるようになったのも、その時であった。」と書いている。

私は明治の初期に、欧米の新しい思想や風俗が、乾いた海綿に清らかな水がしみ込んでゆくように当時の若い人々の柔らかな精神に吸い込まれていった、いわゆる文明開化の時代を、一種羨望の念をもって追想するのである。

私たちは感情を少しも偽ることなく、自由に、のびのびと表白することができるはずなのに、自分の心の中を振り返ってみると、いつの間にか無邪気さを失い、人生に対してひどく疑い深くなり、人間の能力や希望などはどうせ高が知れたものであるという、変に老人じみた考えが案外に深く根を下ろしているのに気がつく。肉体も欲望も若さで張り切っているのに、心が何物に対しても活発に働きかけないという奇妙な状態に陥っている。このままで捨てておけば、せっかく手に入れた青春を、いたずらに官能的な欲望の満足や、⑥デカダンな生活にすり減らしてしまう危険が、十分にあるのである。現にその兆候は至る所に見られている。私たちは今こそ真剣になって、青春の意義について考えてみなければならないであろう。青春を生かすのも殺すのも、全く私たち自身の責任にかかっているからである。

⑦アンドレ・モロアは、「⑧老年とは、白髪とか顔のしわとかいうものよりはむしろ、もう立ち遅れだとか、勝負が済んだとか、舞台がもう次の時代に移ったという感情である。老年の真の不幸は、肉体の衰えではなくて、心が何物にも動かないことである。老年期に入って消えうせるものは、力よりはむしろ、行動の意欲である。何事にも動くあの青春の情熱、何事をも知り何事をも理解しようとするあの要求、新しい環境が発見されるごとに、心に兆すあの果てしない希望、

なんら余す所なく愛そうとするあの力、真と善と美と一つであることに何の疑いをも残さないあの確信、それらは果たして五十年もの間、様々な経験と失意とを重ねた後で、なおかつ持ち続けられるものだろうか。」と書いているが、私は青春の最も大切な意義は、人生と人間に対する無限の信頼の中にあると考える。

よく老人は若人に向かって、世の中は君たちの考えているように楽しいものではない、余り大きな夢を描いて、人生に裏切られないに越したことはないと忠告する。この言葉はうそではあるまい。しかしそのような忠告をする人には、実はたいてい若い時代に人生に対して心からの信頼を抱いていなかった人が多いのである。人生に欺かれまい、裏切られまいと警戒して青春時代を無事安全に渡ってきた後で、自分たちの半生を省みて、大して苦しいこともなかった代わりに、思い出しても昔の情熱がもう一度わき起こるような充実した追憶のないつまらなさを自ら慰めるつもりで、人生とは結局平凡なものにすぎないという感慨を漏らしたところで、どれほどの意味があろうとも思われない。

人生を心から信頼できないということは、一面から言えば人生に対して献身的な深い愛情を抱いていないことを意味する。浅くしか愛することのできない人間には、人生も浅くしか報《むく》いてくれないのは当然である。

青年はまず何よりも人生と人間に深い信頼を持つべきであるが、そのことは同時に一切の偏見にとらわれない自由な精神と正しい判断とを予想する。多くの人が絶望と感じ、不可能と判断することに対しても青年は希望を失わない。反対に多くの人々にとって自明の理と考えられている事柄についても、いちおうこれを自分の目で見、自分の頭で考えてみる熱意と努力を惜しまない。天才が永い努力の結果到達した地点に、自分もまた出発点から自分の足で歩き直してみようとする野心を胸いっぱいに抱く。感覚は鋭敏で感受性は新鮮なために、何を見てもおもしろく楽しく、一切の人生現象が精神の養いとなる。自分たちの置かれた位置や環境がどのようなものであろうとも、その位置や環境に容易に溶け込み、それになじんで、世界は自分を中心にして回転する。おそらく世慣れた老人から見れば、若い人たちの野心と夢に満ちあふれた姿は、世間知らずの、お坊ちゃんの、独りよがりの、見るからに危なっかしい姿であるに相違ない。しかし、新しい人生が、新しい世界が、自分たちから始まると思い込むところに青春時代の深い意味があるのである。

　多くの人の努力にもかかわらず、いまだに成功を見ないというような事業は、まさにその不可能視される理由によって青年の情熱をかき立てるのである。「困難なものしか自分を引き付けない。」というのは、たしか⑨ヴァレリーの言葉であったと思うが、若い身空《みそら》で、安易な道ばかりを選ぶ人間は、心は既に老衰した敗残者である。青春の喜びを永久に知らないで死んでゆく人である。

　青春の過ぎやすいことを、それゆえ、「明日と言わず、今日のうちに青春の薔薇を手折る。」ことを教えた詩人の数は昔から枚挙にいとまあるまい。しかしそういう短い、つかの間の青春の時代であることを知りながら、その瞬間に自分の持つ一切の貴いものをささげ尽くそうとするところにまた青春の重要な意義がある。自分の一身上の利害を省みることなく、美しいもの、正しいものに対して、自分の若い激しい情熱を燃焼し尽くそうとするところに青年の貴さがある。そうしてこのような献身の行為は人生に対する信頼なくしては決して行われないのである。

著者紹介

河盛　好蔵（かわもり　よしぞう）一九〇二（明治三十五）年～二〇〇〇（平成十二）年。大阪府生まれ。仏文学者、文芸評論家。主な著書に『人とつき合う法』『パリの憂愁』などがある。

本文は『愛・自由・幸福』[新潮社一九五九(昭和三十四)年刊]による。

注

① 島崎藤村　一八七二(明治五)年〜一九四三(昭和一八)年。詩人、小説家。『若菜集』は一八九七年刊の藤村第一詩集。
② こんな詩　題名は「酔歌」。
③ 「小さな経験が……その時であった。」　この引用は島崎藤村の作品、「仙台雑詩」の一節。
④ 杜子美　杜甫のこと。
⑤ 西行　一一一八年〜一一九〇年。平安末、鎌倉初期の歌人。『山家集』は西行の歌集。
⑥ デカダン　decadent(フランス語)。虚無的、退発的な感情のままに生きるさま。
⑦ アンドレ・モロア　(Andre Maurois)　一八八五年〜一九六七年。フランスの評論家、小説家。
⑧ 「老年とは……」　一九三九年刊の『生活技術』の一節。
⑨ ヴァレリー　(Paul Valery)　一八七一年〜一九四五年。フランスの詩人、批評家。著書に『若きバルク』『テスト氏』などがある。

課題

一、筆者はなぜ「青春の意義について」考えなければならないと思うに至ったのか。島崎藤村の詩と回想、筆者の観察を踏まえて考えなさい。

二、筆者は下の1～4で何を伝えたかったのか。わかりやすく説明しなさい。

1「浅くしか愛することのできない人間には、人生も浅くしか報いてくれない」

2「天才が永い努力の結果到達した地点に、自分もまた出発点から自分の足で歩きなおしてみようとする野心を胸いっぱいに抱く」

3「困難なものしか自分を引きつかない」

4「明日と言わず、今日のうちに青春の薔薇を手折る」

三、青春に対する筆者の観念をもとに、自分の観点で青春について四百字程度でまとめてみよう。

自己発見

湯川　秀樹

　人間はどうしたら創造的に生きられるのか、生き続けられるのか。私は自分に向かって、こういう問いかけを、永年にわたって繰り返してきた。この問いかけが始まったのは①高校生にころからだったが、それに対して何程かの自信を持って答えられるようになったのは、自分の能力や仕事に対する客観的な評価が、ある程度できるようになってからである。それより、更に後になると、創造的に生きるということを、自分だけではなく、他の人々にも共通する問題として考えるようになってきた。

　しかし、今になって振り返ってみると、もっと前から、私の心の奥で、もう少し違った形での自問自答がなされていたように思われる。それは②中学生のころまでさかのぼれる。最初の問いかけは「自分はいったい何者であるか。自分はいったい何をして生きてゆくべきか。」というような形であった。それから今日までの間に、五十年の歳月が経過した。五十年前の私と今の私の間には、多くの点で、非常に大きな隔たりがある。しかし、創造的に生き続けたい、そしてそのために、自分が何者であるか、自分の中にどのような可能性が潜んでいるか、何をして生きてゆくべきかを問い続けている、という点において、不変なものの持続が確認できるのである。

　別の言葉で言うなら、自己を発見することから始まって、次にはまた、もっと違った自己を発見する、更に後になってまた新しい自己を発見する。そういう発見ないし再発見を繰り返すことが、前進でもあり、それが創造的に生き続けることを可能にしている。そう言ってもよいであろう。

私にとっての最初の明確な自己発見は、自分が孤独な人間だと強く感じたこと、そのことであった。それは中学の一年生の時のことである。

夏休みに学校から、三週間ほど海水浴に行った。百人足らずの生徒が、先生に引率されて、三重県の津市まで汽車に乗って行った。その中に私も交じっていた。市中の大きな寺の本堂に合宿して、毎日海岸まで歩いて行くことになっていた。

着いた日の午後、「君たち中の仲よく同士が、二人ずつ組みをこしらえておきなさい。」と、先生から言われた。というのは、夜になると、蚊が出るので、蚊帳をつる。その中には、敷布団を二枚か三枚並べてあり、一枚に二人ずつ寝ることになっていた。当時は男女共学ではなかったから男の子ばかりである。それで、夕方までに自分のパートナーを見つけておけ、というわけである。

友達はみな、どんどん相手を決めていっているらしいのに、私だけはだれにも言い出しそびれていた。また、だれも私に声をかけてこない。そうこうするうちに、夕方になってしまった。不幸にして生徒の数は奇数だった。布団を敷きだしたが、私の行き場はない。その時のなんともいえない悲しい気持ちが、今日まで消えずに、私の心の奥に残っている。

先生は、半端になった私のために、一人だけの幅の狭い布団を持ってこさせて、他の二組みの生徒と一緒の蚊帳の中へおさめてくれた。

この小さな出来事が、後になって考えてみると、その後の私の考え方、生き方に、相当な影響を及ぼし続けているように思われる。

父母、姉二人、兄二人、弟二人のほかに、祖父が一人、祖母が二人もいる、大家族の中で育った。家も広かった。そういう私にとっては、家と庭とが、ほとんど自己完結的な小世界であった。それでも小学校時代には、友達ともよく遊んだ。それが先程の出来事があって以後は、学校から帰ると、家から外へ出ないで、いろいろな本を読むことで、大方の時間を過ごしてしまうようになった。

もともとあった内向的な傾向が、急速に強くなっていった。自分とうまくつながらない外の世界、その中で孤独になった自分にいったい何ができるのか。この世の中でいったい何をして生きていったらよいのか。そんなことをだんだんと深く考えるようになっていた。小説なども、いろいろ読んでみた。文学の世界には確かに魅力があった。しかし、そこにも大人の世界の様々な煩わしさが入り込んでいる。童話の世界のほうが、その点ではもっとよかった。

ちょうどそのころ、童話・童謡の雑誌③「赤い鳥」が出だしたりしていた。それで一時は、童話作家になれたらいいだろうなどと思った。そうは思ってみても、そのころの私にとっては作文がたいへんな苦手であったから、作家になるなどとは、自分の適性に反した夢にすぎないと思い返さざるを得なかった。

この夢があえなく消えた後、私の関心は文学書よりも哲学的な書物のほうに移っていった。それは中学の後半から高校の前半の三、四年前のことであった。しかし、文学少年が哲学青年になるのは、別に珍しいことではない。ここまできても、私はまだ自分が何者であるか、何者になり得るかについて、自信のある判断ができずにいた。ただ自分は結局、学者になるしかない、それも世間との交渉のできるだけ少ないような学問の分野に入ってゆくしかない、とは思い続けていた。

ところが、高校時代の後半になってから、私の興味は急に物理学に絞られだした。それは一つには当時、科学の先進地域であったヨーロッパで、物理学が激動の時代を迎えつつあることを知ったからであった。そこには、未知の世界が大きく開かれていた。数年後に自分が研究者として、この世界に入っていったら、何かができるのではないか。自分の適性もそれに向いているという、多少の自信もできつつあった。それよりも何よりも、物理学を研究するのは大いにロマンチックなことだ、と思ったのである。この気持ちは今もなお変わらない。

この自己発見は、私からいろいろな迷いを追い払ってしまった。大学へ入ってからの私の気持ちは安定していた。孤独な人間であると言う気持ち自身が、自分の選んだ道を一人で歩くのだという青年期の気負いに変わりつつあった。ただし、まだ何事をも成就していなっかた私には、④「つひに無能無芸にして、ただこの一筋につながる。」という芭蕉《ばしょう》の言葉が、絶えず励ましとなっていたのである。

物理学の研究をロマンチックだと思い続けることは、私にとって創造的に生き続けることでもあるはずだった。しかし、毎日繰り返される研究生活の中で、創造への飛躍と言えるような出来事は、めったに訪れなかった。

今日もまた空《むな》しかりしと橋の上にきて立ちどまり落つる日を見る

何日たっても何か月たっても、ちっとも先へ進めない。今まで、これこそ自分の見つけた新しい真理だと思い込んできたことに対しても、疑惑が頭をもたげたりする。そういうことを繰り返し経験しながら、ある一つの考えに執着し続ける。いったい何のためか。そこには確かに、ある期間内に何か業績をあげなければならない、という焦りもあった。特定もしくは不特定の相手との競争意識もあった。しかし、それらは一人の人を長期にわたって、この一筋につなげる原動力とはなり得なかった。

私の中にあって、何十年にもわたって、私を動かし続けているのは、未知の世界へのあこがれである。私にとって、それは美しい世界であると期待されている。物理学者でない人たちにとっては、それは別に美しいとは思えぬ世界であるかもしれない。そしてまた、他の多くの物理学者にとっては、美しいかどうかなど、どうでもよいことかもしれない。真実でありさえすればよいのかもしれない。実験と一致さえすればよいのかもしれない。

そもそも何が美しいのか。科学の世界においては、はっきりした決め手はない。比較的少数の単純な、そして普遍性を持つ法則によって規定される世界、という以上の的確な表現はないかもしれない。しかし、それなら、科学以外の世界では、美の定義ははっきりしているのか。どうもそうではないらしい。芸術の場合において決定的なことは、それぞれの⑤ジャンルにおける、美に対する感受性があるかないかである。科学のいろいろの分野の中でも、理論物理学や数学などでは、やはり一種の美的感受性が無視できないのではないか。

もちろん数学の場合には、論理的整合性という条件が満たされていなければ、話にならない。更に理論物理学ともなれば、事実の世界との一致ないし密接な対応が決定的な条件になる。それらは、どちらも実に厳しい条件である。むしろ、そういう厳しい条件を満たそうとする人間の持続的な努力の結果として、たまさかに作り出されるものであるがゆえにこそ、新鮮な、そして鋭い美しさがそこに見いだされるのであろう。

それは例えば、童話の世界のような「甘美」と形容される美しさとは、確かに異質な性格を持っているように見える。しかし童話の作家が傑作を生み出すには、やはり天分だけでなく、大きな努力も必要であろう。それに何よりも、童心がないといけないであろう。童心という中には、みずみずしい好奇心や空想力が含まれている。それらは科学には不必要なものだと思われているかもしれない。有害であるとさえ思われているかもしれない。しかし私は、そういうことにかかわらず、いつまでも童心を失わずにいたい、と思っている。

そして近ごろは、物理学の研究をロマンチックだといつまでも思い続けていること自体が、童心のなせる業であるとさえ思えてくるのである。それは中学生のころ、気まぐれにもせよ、童話作家になりたいと思ったことと無関係でないのではないか。こんな奇妙な想念が、このごろしきりに頭に浮かぶのである。

注

① 高校　旧制高校のこと
② 中学　旧制中学のこと
③ 『赤い鳥』　一九一八年創刊。鈴木三重吉編集。
④ 「つひに……つながる。」　江戸時代の俳人、松尾芭蕉（一六四四年～一六九四年）の紀文「笈《おい》の小文《こぶん》」の言葉。
⑤ ジャンル　genre（フランス語）。芸術品の種別。

著者紹介

湯川　秀樹（ゆかわ ひでき）一九〇七（明治十四）年～一九八一（昭和五十六）年。理論物理学者。東京都に生まれた。著書に『理論物理学講話』『極微の世界』『創造的人間』などがある。理論物理学の分野で優れた業績をあげ、ノーベル物理学賞を受賞した。

本文は一九七二（昭和四十七）年刊の『自己発見』（現代日本のエッセイ）の一節「自己発見」の全文である。

課題

一、「創造的に生きたい」とは何のことだろうか、また、それがどのように生かされたのだろうか、考えてみよう。

二、「私にとっての最初の明確な自己発見は、自分が孤独な人間だと強く感じたこと、そのことであった。」(9ページ)とあるが、この発見は、その後の筆者の生き方にどのような影響を与えているのか、説明しよう。

三、童話作家にあこがれた筆者が、なぜ物理学の研究を志すようになったのか。また、童話作家と物理学者とはどんな共通点があるのかを説明しよう。

夢見る力

小栗康平

　漫画を読むか読まないかは、まずはそれになじむきっかけがあったかなかったかであり、そしてそれがその人のどういう時期に当たっていたかということで分かれると言えるだろう。こういう言い方をしてしまうとなんでもそうだということになってしまうけれど、漫画の場合、手がかりに遊びの要素があって、この遊びというものには、ある年代のころあいのようなものがあり、それを失してしまうとなかなか始めにくい。ひととおりの遊びや悪さもしてきているのに、どうもぼくはこのあたりがすっぽり抜け落ちているようである。

　しかしそんなことはどうでもいいと今までのぼくは思ってきた。ところがこのところいろいろなことが自分の中で大きく揺れていてしっかりしない。少し角度を変えてものを考えてみたいというのが発端だった。気にはなりながら今まで①宮崎駿《みやざきはやお》さんのアニメーションを見ていなかった。子供たちが飽くことなく何度も何度も繰り返し宮崎さんの作品を見ていたことも知っている。しかしそれはそれ、自分は実写のほうをやっているのだからと、とりたてて必要を感じなかった。それらがどんな話なのかも知らないままにいた。ある時本を読んでいたら『となりのトトロ』のことが書いてあった。森の主というものがどんな絵になっているのかとても見たくなった。

　今年（一九九二年）の二月、次の映画のことでインドネシアのカリマンタンまで熱帯多雨林を見に行った。森を撮ってみたい、それも圧倒的な森を撮ってみたい、そう思っていた。残念なことに②ヴァージン・フォレストはほとんど皆無で（日本が切っているようなものだけれど）二次林にしか行き着けなかったが、そもそもが森を撮ることがどれほど困難かということを、そこで思い知らされもした。技術的にも難しい。

人は大きな木と同じ一つのカットには入らない。入れようとすればキャメラが遠くに下がるか、人間だけをキャメラに近づけるかである。すると、樹木や森は環境とか背景といったことに退きがちになる。映画の画面のサイズは、映画が生まれた時から人間の背丈を基本にしてきた。スクリーンは当初から人間の身長と同じ大きさを持っていた。つまりは、映画は人間を実寸大で見ようとする意志でもあった。この人間中心主義的な性格は今も映画に強くあり、それはそのまま近代ヨーロッパ文化の特質でもあって、自然の全体と感応していくような事がらはあまり得意としていないところがある。こういうことでいいだろうか、そう考えるがうまく映画にならない。

『となりのトトロ』は実におもしろかった。絵で画《か》くのだからどんな大きな木でも森の中でも人間とのサイズは思いのままだ。見終わってぼくはしばらくポカーンとするほどあっけにとられてしまった。

母親が転地療養のために田舎の空気のいい病院へ入ったのだろう。できれば病人のそばにいてやりたいし、いい機会でもあるから子供たちにも田舎を味わわせてやりたいということで、サツキとメイという女の子が父親に連れられて空き家に引っ越してくることから映画は始まる。

空き家を開けるとまず、まっくろくろすけというものが子供たちを迎える。黒くて丸い塊がざわざわと動く。これはお父さんの説明によると、明るい所から急に暗い所に入ると目がかすんでそういうものが見えると説明される。次に隣のおばあちゃんが今度はそれを、すすわたりという生き物だと言い、子供にしか見えないものだと言う。おばちゃんは、そうかい、そうかい、おばあちゃんにも昔は見えたんだと言って喜ぶ。なあに、放《ほう》っておけばそのうちみんなどこかへ出ていってしまうよというおばあちゃんの言うとおり、夜、すすわたりは軒をはってざわざわといっせいに家を出ていく。うれしくなってしまう場面だ。

そしていよいよトトロの登場。最初はトトロの子供で、半透明の白い小さな生き物だ。妹のメイがそれを追いかけて森のトンネルを抜け、大きなくすの木に開いている穴に落ちてトトロと出会う。動くものによって目を引きつけ、それが繰り返されて最もつきたいうそをいとも上手についていくこの導入はうまいなあと思う。

アニメーションはこうした実在しないものの形象化において何よりも優れている。想像でしかないもの、夢見るもの、心に思い描くもの、あるいは風のように感じるしかないもの、そうしたもろもろを目に見える形にしてくれる。形というものは本来、人に対して優しいものだという思いがぼくにはあるので、優しいかすかなものがその上にさらに形を備えるのを目撃していくのは心地いい。

実写の場合、ぼくは全く逆のことを経験している気がする。形のないものは写らない。そして人間であれ自然であれ、形のあるものは必ずその姿を変えていく、そういう悲哀、絶望のほうから物事を見つめ、そこに形あるものの優しさを感じる。だからぼくにはこのアニメーションの形象化が新鮮である。

しかしこの形のないものが形を持つことの落とし穴もあるだろう。田舎や田園の風景がのどかに美しく描かれる。こうあってほしいと思うもの、かつてこうではなかったかと思いたいもの、それがそのまま形を持つ。そこにうそが交じる。ぼくらはいつもそうやって絵空事を作り、「今」を捨てている。こうしたことはもう一度後で触れるとして、今はもう少し形あるものの喜びを語ろう。

雨の夜、姉妹は傘を持って父を迎えに行き、遅くまでバス停で待つことになる。そういう美しい心に対してごほうびのようにトトロが姿を見せる。メイはサツキの背中で寝てしまっていて、今度はサツキがトトロに会える。一緒に並んでバスを待つふうなトトロにサツキは傘を差し出す。トトロはどうも傘が初めてのようだ。すっかりうれしくなって跳びはねたりする。トトロは大きいからその振動で驟雨のように樹木が滴をたらす。車のライトが近づく。バスかと思うとそうではなく、それはトトロのバスだった。これがあきれ返るほど楽しい。ムカデの足を持った柔らかな猫のバスなのだ。車内灯もついていて、ふさふわとしたいかにも気持ちのよさそうなバスだ。こういう堂々とした見せ方はとてもいい。トトロも自分のバスを待っていたらしくお土産をおいて帰っていく。

お土産は木の実で、それを家の庭に植えるのだけれどなかなか芽を出してくれない。二人はある晩、夢を見る。トトロが来てくれて、植えた木の実におまじないをしてくれる。すると木の実はすぐに芽を出し、瞬く間に天をつくほどの大木になる。二人はトトロのさした傘で風を受けてその大きな木のてっぺんまで行く。サツキは自分が風になったと思う。満月が輝きサツキは笛を吹く。

目を覚ます。二人は庭へとんでいく。もちろん大きな木などあるはずがない。でもよく見ると、木の実は芽を出している。二人は「夢だけど、夢じゃなかった。」と歌うように跳びはね回る。そうなのだ、どこまでが夢で幻想なのか、どこからが現実なのかを問わない。そこには決して手を触れない。ここが『トトロ』のいいところの核心なのだ。

事件は、お母さんが約束していた日に帰れなくなったという電報から起きる。お母さんの病気が悪くなったんだと心配するメイが、おばあちゃんからもらった、太陽の光をいっぱいに浴びたトウモロコシを持って、一人病院に向かい迷子になる。村人が総出で探すが見つからない。サツキはトトロにお願いする。トトロがあの猫のバスを呼んでくれる。猫のバスは風の化身なのだろう。村の人たちには見えないのだ。ここからがかっこいいのだ。猫のバスは野を駆け森を抜け高圧線の上を走り、行く、行く。ぼくの映画にはこういうのがないのだけれど、これは娯楽映画としての常道。このあたりが実にうまい。

ともあれ、映画は動く写真であり、絵である。アニメーションという絵を動かすことに膨大な労力を必要とする分野で実写の娯楽映画のお株を奪う大団円を見ると、改めてなるほどなあとため息が出るところだ。

『トトロ』は人間関係にある程度のリアリティを必要とする病院のような場面でひどく力量が落ちるけれど、そこも含めて、あるところから先へは決して踏み込まないことのよさを、教えてくれる。ここでは納得できないからもう一歩先へ行こう、そうやって元も子もなくなってしまうような表現が、実写のシリアスな映画にはどれだけ多いことだろう。ぼくとてきっとそうなのだと思う。息が詰まり、出口を失い、結果として表現の世界を狭くしていくのだ。

ここはほんとうに難しいところだと思う。前へ行かないというのも立派な方法なのだけれど、絵ではなく実写で生きた人間の顔を見ていると、もうちょっとがんばれるのではないか、もっとたいへんなやつだっているではないかとむち打つところがあるのだ。このがんばるのがいけないのかもしれない。先日、シナリオの相談にのってくれた剣持潔《けんもちきよし》さんにぼくはやはりそう言われたばかりだ。がんばらないで予感することだろうかと自問すると、夢を見る力というふうにもっと平易に言い直してくれたのだった。どうしたらここを突破できるだろう。

『となりのトトロ』があんまりおもしろかったので、ぼくは宮崎作品をあらかた見ることになった。ところが、『魔女の宅急便』はアニメの限界のほうを強く意識した。

『魔女の宅急便』はキキという魔女の少女が、十三歳になったら家を出て修行に出るという習わしに従って、見知らぬ町で苦労する話である。魔女とはいっても普通の子で、両親もキキの住む町もいたって普通である。何が魔女なのか、説明は何もない。ただこの子はほうきをまたいで空を飛ぶということだけを知らされる。自分がつこうとする（表そうとする）うそ（フイクション）に対して揺るぎないのは、どれを見ても感心するばかりだ。アニメの特権だとも言えるし、宮崎さんの才だとも言える。ぼくなどは事あるごとにこんなことを言ったら笑われはしないかといつも現実の顔をうかがってしまうのだ。映画的なうそは人一倍つくほうなのに、どうもことばや物語の段階でひるむことが多い。

　キキはさまざまな苦難を乗り越えて成長していくが、ドラマの内容は、（飛ぼうとする）意志を強く持つこと、あるいは愛というものをより深く知っていくことといった教養小説の範疇《はんちゅう》を出るものではない。キキは町や人々の暮らしにかかわっていくので、画面には生活の表情といったものが要求されてくる。アニメはこうした要求には正面からこたえるわけにはいかないので、町は日本ではないヨーロッパのどこかになるし、人物の顔だちも直接自分や友達を思わせないように、中性化、無国籍化されている。『紅の豚』がそのいい例である。

　アニメを見なかった理由の一つに、うそ笑いに代表される③アテレコの堪え難さがある。これはアテレコのうまい下手というより、単一の意味しか伝えられないアニメというものの特徴といったほうがいいかもしれない。セルの絵で表される人間の表情は単一な感情、一方向の感情しか示していない。

　実写は俳優の存在を写している。ことばのみを写していない。俳優はぼくたちと同じく、矛盾した存在として映画の中にいる。シナリオで書かれたセリフとしての意志や意味は、いつでも俳優によって相対化されている。「好きです。」と言っても、ぼくたちがそうであるように、そのことばが伝わっているかどうかを懸念するほうが普通だろう。その人がもともと持っている動かし難い何ものかがまず映り、ことばはいくつものニュアンスを含み持つ。

　セル画の人物は、これこれこういうセリフを伝えるためのキャラクターとして設定されているので、ことばは拡散しないし相対化されない。ことばはあくまで単一の意味を残し続ける。人が笑ったり泣いたりするのは、ことばによって方向づけられた感情ではないから、アニメーションでは用をなさないということになる。

人間関係の中で一つのことしか言わない、言えない、あるいは一つのことしか相手から受け取らない、すべてが好きか嫌いかで、二つや三つのことを同時に考えられない、いつも一つの形しか頭の中にない、といったことになれば、今の時代の思考パターンとして気になるところではあるけれど、複雑で矛盾に満ちているものだけが真実だということにもならないから、それならアニメの持っているこの単一性、一方向性はどういう豊かさを含んでいるのだろうか。

ぼくたちは自分とは何かということを考えている。考えなくても自分は（存在として）あるけれど、考えないと（社会的に）存在していけないと思う。しかし、「私」にとって他者は常に社会的であるか否かを問わず「存在」なのだ。ああも考えこうも考えて「ぼく」というものが複雑になっていく。かんばってしまうのはこのあたりだ。そして糸のもつれた自我というものを持つ。それが蟻《あり》地獄のすり鉢の下でもがいているように思える時があって顔が青ざめる。

アニメーションはその単一性、一方向性の特徴によって、このがんじがらめになった「自我」をひらいていっているように思える。

アニメの人物が時としてなんとも気楽に思えることがあるが、これは必ずしもその人物が人間として単純だということではない。人物がその人格の全体を背負わなくていいからである。実写で俳優を見ている時にはそうはいかない。アニメの人物は「存在」ではない。画かれたものだ。ある世界、ある事がらにおいて、アニメの人物は、ぼくたちの部分を持続したり拡大したりしている。「部分」である以上、現実に照らし合わせて、それはおかしいではないかと言うことができない。

④秋竜山《あきりゅうざん》という人の四コマ漫画でこういうのがあっ

た。道端にきんもくせいが降るように咲いている。男はその香りがたまらなく好きで、とうとうそのきんもくせいの木に登って日がな樹冠の中にいるというものだ。ぼくもあの香りが大好きで、わかる、わかるという感じである。でも、実際には立ち止まったりするだけでわざわざ木にまでは登らない。やればアホということになる。ところがその木に登った男をぼくはアホだと思わない。人格の全体を背負わなくてもいいということはこういうことである。むしろそうすることによって、自分の何かが解きほぐされる。

『風の谷のナウシカ』を見て思うのもこうしたことだ。きんもくせいの木の中にとどまっているようなきれいな時間が流れている。

『風の谷のナウシカ』は、巨大産業文明が崩壊してから千年たったことになっている。セラミックに覆われた荒れた大地に、有毒のガスを発生する菌類がはびこったふかい（腐海と書くのか）といわれる海が広がっている。生き延びた人たちがそこで生き延びるために戦争をする。核戦争後を感じさせるものがあり、それゆえにと言っていいと思うが、『ナウシカ』には「祈り」があり、「信仰」がある。この宗教性が『ナウシカ』を秀逸なものにしているのだろう。考えてみれば、祈りこそ人間の「一方向性」の最も純粋な側面である。

ナウシカは風をつかい、虫と交感する。ぼくたちも人格というものに縛られていなければ、虫であってもいいわけだ。ナウシカは巨大化した芋虫のような生き物を森へ帰すことで村を救う。

ナウシカが流砂にのまれて腐海の底に沈む⑤シークエンスがある。そこにはきれいな空気と水が流れている。腐海の木々は人間が汚して出した毒を体に取り込んで死んで砂になっていた、ナウシカはそう考える。その砂が地下深くに清浄な世界をつくっている。

最も汚れたものがより救われる、これは信仰であり、最も汚れたもののすぐ背後に美しいものがある、これは思想である。宮崎さんは魔女といったり海賊といったりして、普通なら悪のイメージでとらえられているものを好んで使う。宮崎さんの隠された創作の原点かもしれない。そして、善悪の設定の中で、宮崎さんはのびのびとエンターテイメントを展開する。

それにしても、映画はどうしてこうも⑥活劇を必要とするのだろう。『天空のラピュタ』はその活劇性ゆえに、人気がある。『紅の豚』も、もしあの空中戦がなかったら、フランスあたりの一時代前の映画になったに違いない。

高度な産業文明の中にいるぼくは、自我の「全体」を抱え、伸吟《しんぎん》して実写の映画がうまくいかない。アニメーションは人間中心の画面のサイズを自在に変更して、「部分」であることをも武器にする。そうした作品を見ることで、ぼくの自我がひらかれる。

問題はこれから先である。

著者紹介

小栗　康平（おぐり　こうへい）　一九四五（昭和二〇）年～。群馬県の生まれ。映画監督。作品に『泥の河』『死の棘』『眠る男』などがある。

本文は『見ること、在ること』〔平凡社　一九九六（平成八）年〕による。

注

① 宮崎駿　一九四一（昭和一六）年～。東京都の生まれ。アニメーション作家。

② ヴァージン・フォレスト　Virgin forest　人の手の入っていない森林。原生林。

③ アテレコ　せりふの吹き替え。当てレコ。レコはrecordingの略。

④ 秋竜山　一九四二（昭和一七）年〜。静岡《しずおか》県の生まれ。漫画家。

⑤ シークエンス（英sequence）　映画などでいくつかのシーソをつないで、一つの話としてまとまった部分。連続した一つの場面設定。

⑥ 活劇　芝居や映画で演じる格闘。立ち回り。

課題

一、作者が今まで見ていなかった宮崎アニメを見ようと思った理由は何か。そして各作品の内容を詳細に紹介したのはなぜか。

二、この文章の題名が「夢見る力」となっているのはなぜか考えてみよう。

三、作者がこの文章で指摘した「夢見る力」とはどんな力なのか、まとめてみよう。

徒然草

吉田 兼好

つれづれなるままに

①つれづれなるままに、日暮らし硯に向かひて、心にうつりゆく②よしなしごとを、③そこはかとなく書きつくれば、あやしうこそ④ものぐるほしけれ。

（序段）

注

① つれづれなるままに　これといってすることがないのにまかせて。

② よしなしごと　とりとめもないこと。

③ そこはかとなく　これといった順序次第もなく。

④ ものぐるほしけれ　異常に心がたかぶって、普通ではなくなる。

課題

一、「うつりゆく」とは、どういう意味か。随筆としての執筆の動機、対象、記述態度を述べている。その主旨を抜き出してみよう。

二、「つれづれなる」状況から「あやしうこそものぐるほしけれ」といった心境になる理由について、考えてみよう。

仁和寺にある法師

仁和寺にある法師、年寄るまで、石清水くを拝まざりければ、心うくおぼえて、あるとき思ひ立ちて、ただひとり、徒歩より　詣でけり。極楽寺・①高良などを拝みて、かばかりと心得て帰りにけり。さて、②かたへの人に会ひて、「年ごろ思ひつること、果たしはべりぬ。聞きしにも過ぎて、たふとくこそおはしけれ。③そも、参りたる人ごとに山へ登りしは、何事かありけん、ゆかしかりしかど、神へ参るこそ本意なれと思ひて、山までは見ず。」とぞ言ひける。

少しのことにも、④先達はあらまほしきことなり。

注

① 高良　高良大明神。八幡宮付属の神社。男山のふもとにある。

② かたへの人　かたわらの人。

③ そも　それにしても。

④ 先達　その道の指導者。

課題

一、「かたへの人」に語っている法師の様子を想像してみよう。

二、「山までは見ず」という言葉には、法師のどんな気持ちがこめられているか。

ある人、弓射ることを習ふに

ある人、弓射ることを習ふに、①諸矢をたばさみて的に向かふ。師のいはく、「初心の人、二つの矢を持つことなかれ。のちの矢を頼みて、初めの矢に②なほざりの心あり。毎度ただ得失なく、この一矢に定むべしと思へ。」と言う。わづかに二つの矢、師の前にて一つをおろかにせんと思はんや。懈怠の心、みづから知らずといへども、師これを知る。このいましめ、万事にわたるべし。

人、夕には朝あらんことを思ひ、朝には夕あらんころを思ひて、重ねてねんごろに修せんことを期す。いはんや一刹那の内において、懈怠の心あることを知らんや。なんぞ、ただ今の一念において、ただちにすることのはなはだかたき。

注

① 諸矢　的に向かうときは一対二本の矢を持つのが作法。

② なほざりの心　いいかげんに思う気持ち。

課題

一、「弓射ることを習ふ」場合と「道を学する」場合とに共通の、「万事にわたる」「いましめ」とはどういうものか、考えてみよう。

著者紹介

吉田　兼好（よしだ　けんこう）　鎌倉時代末期から南北朝時代にかけての官人、遁世者、歌人、文筆家。日本三大随筆の一つとされる『徒然草』の作者であり、また私家集『兼好法師家集』がある。

『徒然草』は序段のほか二百四十三段からなる。本教材はそのうちから三段を抜粋したものである

小説

◆作品に書かれた場面を頭に描き、登場人物や作者の心の動きを追体験するとともに、自身に生じた喜怒哀楽を簡潔にまとめてみよう。

◆作者が活躍した時代の背景や生活様式を念頭において作品を読みながら、今日の生活や社会への関わりについて検討してみよう。

◆各作者の文体を観察し、それぞれの文体がもたらす効果について感じ取ってみよう。

人間の羊

大江健三郎

冬のはじめだった、夜ふけの舗道に立っていると霧粒が硬い粉のように頬や耳たぶにふれた。家庭教師に使ったフランス語の初等文典を外套のポケットに押しいれて、僕は寒さに躰を屈めながら終発の郊外へ走るバスが霧のなかを船のように揺らめいて近づくのを待っていた。

車掌はたくましい首すじに兎のセクスのような、桃色の優しく女らしい吹出物をもっていた。彼女は僕にバスの後部座席の隅の空席を指した。僕はそこへ歩いて行く途中で、膝の上に小学生の答案の束をひろげている、若い教員風の男のレインコオトの垂れた端を踏みつけてよろめいた。僕は疲れきっていて睡く、身体の安定を保ちにくくなっていた。あいまいに頭をさげて、僕は郊外のキャンプへ帰る酔った外国兵たちの占めている後部座席の狭いすきまへ腰をおろしに行った。僕の腿がよく肥えて固い外国兵の尻にふれた。バスの内部の水っぽく暖かい空気に顔の皮膚がほぐされると、疲れた弱よわしい安堵がまじりあった。僕は小さい欠伸をして甲虫の体液のように白い涙を流した。僕を座席の隅に押しつめている外国兵たちは酒に酔って陽気だった。彼らは殆どみんな牛のようにうるんで大きい眼と短い額とを持って若かった。太く脂肪の赤い頸を黄褐色のシャツでしめつけた兵隊が、背の低い、顔の大きい女を膝にのせていて、他の兵隊たちにはやしたてられながら、女の木ぎれのように艶のない耳へ熱心にささやいていた。

やはり酔っている女は、兵隊の水みずしくふくらんだ唇をうるさがって肩を動かしたり頭をふりたてたりしていた。それを見て兵隊たちは狂気の血にかりたてられるように笑いわめいた。日本人の乗客たちは両側の窓にそった長い座席に坐って兵隊たちの騒ぎから眼をそむけていた。外国兵の膝の上にいる女は暫くまえからその外国兵と口争いをしている様子だった。僕は硬いシートの背に躰をもたせかけ、頭が硝子窓にぶつかるのを避けてうなだれた。バスが走りはじめると再び寒さが静かにバスの内部の空気をひたしていった。僕はゆっくり自分の中へ閉じこもった。

急にけたたましい声で笑うと、女が外国兵の膝から立上り、彼らに罵りの言葉をあびせながら、倒れるように僕の肩によりかかってきた。

あたいはさ、東洋人だからね、なによ、あんた。しつこいわね、と女はそのぶよぶよする躰を僕におしつけて日本語で叫んだ。甘くみんなよ。

女を膝の上に乗せていた外国兵は空になった長い膝を猿のように両脇へひらき、むしろ当惑の表情をあらわにして、僕と女とを見まもっていた。

こんちくしょう、人まえであたいに何をするのさ、と女は黙っている外国兵たちに苛立って叫び、首をふりたてた。

あたいの頚になにをすんのさ、穢《きたな》いよ。

車掌が頬をこわばらせて顔をそむけた。

あんたたちの裸は、背中までひげもじゃでさ、と女はしつこく叫んでいた。あたいは、このぼうやと寝たいわよ。

車の前部にいる日本人の乗客たち、皮ジャンパアの青年や、中年の土工風の男や、勤人たちが僕と女とを見つめていた。僕は躰をちぢめ、レインコオトの襟を立てた教員に、被害者のほほえみ、弱よわしく軽い微笑をおくろうとしたが、教員は非難にみちた眼で僕を見かえすのだ。僕はまた、外国兵たちも、女よりむしろ僕に注意を集中しはじめているのに気がつき、当惑と羞ずかしさで躰をほてらせた。

ねえ、あたいはこの子と寝たいわよ。

僕は女の躰をさけて立ちあがろうとしたが、女のかさかさに乾いた冷たい腕が僕の肩にからみついて離れなかった。そして女は、柿色の歯茎を剥きだして、僕の顔いちめんに酒の臭いのする唾《つば》の小さい沫を吐きちらしながら叫びたてた。

あんたたち、牛のお尻にでも乗っかりなよ、あたいはこのほうやと、ほら。

僕が腰をあげ、女の腕を振りはらった時、バスが激しく傾き、僕には躰を倒れることからふせぐために窓ガラスの横軸につかまる短い余裕しかなかった。その結果、女は僕の肩に手をかけたままの姿勢で振りまわされ、叫びたてながら床にあおむけに転がって、細く短い両脚をばたばたさせた。靴下どめの上の不自然にふくらんだ腿が寒さに鳥肌だち、青ぐろく変色しているのを僕は見たが、どうすることもできない。それは肉屋のタイル張りの台におかれている、水に濡れた裸の鶏の不意の身悶えに似ていた。

外国兵の一人がすばやく立ちあがり、女をたすけ起した。そしてその兵隊は、急激に血の気を失い、寒さにこわばる唇を噛みしめて喘いでいる女の肩を支えたまま、僕を睨みつけた。僕は謝りの言葉をさがしたが、数かずの外国兵の眼に見つめられると、それらは喉にこびりついてうまく出てこない。僕は、頭をふり、腰を座席におちつけようとした。その肩を外国兵のがっしりした腕が掴《つか》まえ、ひき上げる。僕は躰をのけぞり、外国兵の栗色の眼が怒りと酔いに小さな花火のようなきらめきを湧きたたせるのを見た。

外国兵は何か叫んだ。しかし僕には、その歯音の多い、すさまじい言葉のおそいかかりを理解できなかった。外国兵は一瞬黙り込んで僕をのぞきこみ、それからもっと荒あらしく叫んだ。

僕は狼狽しきって、外国兵の逞《たくま》しい首の揺れ動きや、喉の皮膚の突然のふくらみを見まもっていた。僕には彼の言葉の単語一つ理解することができなかった。

外国兵は僕の胸ぐらを掴んで揺さぶりながら喚き、学生服のカラアが喉の皮膚に食いこんで痛むのを僕は耐えた。外国兵の金色の荒い毛が密生した腕を胸から外させることができないで、あおむいたままぐらぐらしている僕の顔いちめんに小さい唾を吐きかけながら外国兵は狂気のように叫び続けるのだ。それから急に僕は突きはなされ、ガラス窓に頭をうちつけて後頭部座席へ倒れこんだ。そのまま僕は小動物のように躰を縮めた。

高い声で命令するように外国兵が叫びたて、急速にざわめきが静まって、エンジンの回転音だけがあたりをみたした。倒れたまま首をねじって振りむいた僕は若わかしい外国兵が右手に強靭に光るナイフをしっかり握っているのを見た。僕はのろのろ躰を起し、武器を腰のあたりでこきざみに動かしている外国兵とその横で貧弱な顔をこわばらせている女に向きなおった。日本人の乗客たちも、他の外国兵たちもみんな黙りこんで僕らを見守っていた。

外国兵がゆっくり音節をくぎって言葉をくりかえしたが、僕は耳へ内側から血がたぎってくる音しか聞くことができない。僕は頭を振ってみせた。外国兵が苛立って硬すぎるほど明確な発音を再びくりかえし、僕は言葉の意味を理解して急激な恐怖に内臓を揺さぶられた。うしろを向け、うしろを向け。しかしどうすることができよう、僕は外国兵の命令にしたがってうしろを向いた。後部の広いガラス窓の向うを霧が航跡のようにうずまき、あおりたてられて流れていた。外国兵がしっかりした声で叫んだが、僕には言葉の意味がわからない。外国兵がその卑猥な語感のする俗語をくりかえして叫ぶと僕の躰の周りの外国兵たちが発作のように激しく笑いどよめいた。

僕は首だけ背後にねじって外国兵と女とを見た。女は生きいきして猥らな表情をとり戻しはじめていた。そして外国兵は大げさに威嚇の身ぶりをみせ、自分の思いつきに熱中する子供のように喚いた。僕は恐怖がさめて行くのをあっけにとられて感じていたが、外国兵の思いつきは僕に伝わってこないのだった。僕はゆっくり頭をふって外国兵から顔をそむけた。彼は僕に悪ふざけしているにすぎないのだろう、僕はどうしていいかわからないが、少なくとも危険ではないだろう、と僕は窓ガラスの向うの霧の流れを見つめて考えた。僕はこのまま立っていればいい、そして彼らは僕を解放するだろう。

　しかし外国兵の逞しい腕が僕の肩をしっかり掴むと動物の毛皮を剥ぐように僕の外套をむしりとったのだ。そして僕は数人の外国兵が笑いざわめきながら僕の躰へ腕をかけるのをどうすることもできない。彼らは僕のズボンのベルトをゆるめ荒あらしくズボンと下ばきとをひきはいだ。僕はずり落ちるズボンを支えるために両膝を外側へひろげた姿勢のまま手首を両側からひきつけられ、力強い腕が僕の首筋を押しつけた。僕は四足の獣のように背を折り曲げ、裸の尻を外国兵たちの喚声にさらしてうなだれていた。僕は躰をもがいたが両手首と首筋はがっしり押さえられ、その上、両足にはズボンがまつわりついて動きの自由をうばっていた。

　尻が冷たかった。僕は外国兵の眼のまえにつき出されている僕の尻の皮膚が鳥肌だち、灰青色に変化して行くのを感じた。尾骶骨の上に硬い鉄が軽くふれて、バスの震動のたびに痛みのけいれんを背いちめんにひろげた。ナイフの背をそこに押しあてている若い外国兵の表情が僕にはわかった。

　僕は圧しつけられ、捩《ね》じまげられた額のすぐ前で、自分のセクスが寒さにかじかむのを見た。狼狽のあとから、焼けつく羞恥が僕をひたしていった。そして僕は腹を立てていた、子供の時のように、やるせない苛立たしい腹だちがもりあがってきた。しかし僕がもがいて外国兵の腕からのがれようとするたびに、僕の尻はひくひく動くだけなのだ。

　外国兵が突然歌いはじめた。そして急に僕の耳は彼らのざわめきの向うで、日本の乗客がくすくす笑っているのを聞いた。僕はうちのめされ圧しひしがれた。

手首と首筋の圧迫がゆるめられたとき、僕は躰を起す気力さえうしなっていた。そして僕の鼻の両脇を、粘りつく涙が少しずつ流れた。

兵隊たちは童謡のように単純な歌をくりかえし歌っていた。そして拍子をとるためのように、寒さで無感覚になり始めた僕の尻をひたひた叩き、笑いたてるのだ。

羊撃ち、羊撃ち、パン　パン

と彼らは熱心にくりかえして訛りのある外国語で歌っていた。

羊撃ち、羊撃ち、パン　パン

ナイフを持った外国兵がバスの前部へ移って行った。

そして他の外国兵が数人、彼を応援に行った。そこで日本の乗客たちのおずおずした動揺が起り、外国兵が叫んだ。彼らは行列を整理する警官のように権威をもって長い間叫びつづけた。屈んでいる僕にも彼らのやっている作業は分った。僕が首筋を掴まえられて正面へ向きなおされた時、バスの中央の通路には、震動に耐えるために足を広げてふんばり、裸の尻を剥きだして背を屈めた《羊たち》が並んでいた。僕は彼らの列の最後に連なる《羊》だった。外国兵たちは熱狂して歌いどよめいた。

羊撃ち、羊撃ち、パン　パン

そしてバスが揺れるたびに僕の額は、すぐ眼の前の、褐色のしみのある痩せた尻、勤人の寒さに硬い尻へごつごつぶつかるのだ。バスが急に左へ廻りこみ停車した。僕は筋肉のこわばりが靴下どめを押しあげている勤人のふくらはぎへ頭をのめらせた。

ドアを急いで開く音がし、車掌が子供のような透きとおって響く悲鳴をあげながら暗い夜の霧の中へ走り逃れて行った。僕は躰を屈めたまま、その幼く甲高い叫びの遠ざかって行くのを聞いた。誰もそれを追わなかった。

あんた、もう止しなよ、と僕の背に手をかけて外国兵の女が低い声でいった。

僕は犬のように首を振って彼女の白けた表情を見あげ、またうつむいて僕の前に列なる《羊たち》と同じ姿勢を続けた。女は破れかぶれのように声をはりあげて外国兵たちの歌に合唱しはじめた。

羊撃ち、羊撃ち、パン　パン

やがて、運転手が白い軍手を脱ぎ、うんざりした顔でズボンをずり落して、丸まると肥った大きい尻を剥き出した。

自動車が何台も僕らのバスの横をすりぬけて行った。霧にとざされた窓ガラスを覗きこもうとしながら行く自転車の男たちもいた。それはきわめて日常的な冬の夜ふけにすぎなかった。ただ、僕らはその冷たい空気の中へ裸の尻をさらしていたのだ。僕らは実に長い間、そのままの姿勢でいた。そして急に、歌いつかれた外国兵たちが、女を連れてバスから降りて行ったのだ。嵐が倒れた裸木を残すように、僕ら、尻を剥き出した者たちを置きざりにして。僕らはゆっくり背を伸ばした。それは腰と背の痛みに耐える努力をともなっていた。それほど長く僕らは《羊》だったのだ。

僕は床に泥まみれの小動物のように落ちている僕の古い外套をみつめながらズボンをずりあげベルトをしめた。そしてのろのろ外套をひろい、汚れをはらい落すとうなだれたまま後部座席へ戻った。ズボンの中で僕の痛めつけられた尻は熱かった。僕は外套を着こむことを億劫《おっくう》にさえ感じるほど疲れていた。

《羊》にされた人間たちは、みんなのろのろとズボンをずりあげ、ベルトをしめて座席に戻った。

《羊たち》はうなだれ、血色の悪くなった唇を噛んで身震いしていた。そして《羊》にされなかった者たちは、逆に上気した頬を指でふれたりしながら《羊たち》を見まもった。みんな黙りこんでいた。

僕の横へ坐った勤人はズボンの裾の汚れをはらっていた。それから彼は神経質に震える指で眼鏡をぬぐった。

《羊たち》は殆ど後部座席にかたまって坐っていた。そして、教員たち、被害を受けなかった者たちはバスの前半分に、興奮した顔をむらがらせて僕らを見ていた。運転手も僕らと並んで後部座席に坐っていた。そのまま暫く僕らは黙りこんで待っていた。しかし何もおこりはしない。車掌の少女も帰ってこなかった。僕らには何もすることがなかった。

そして運転手が軍手をはめて、運転台へ帰って行き、バスが発車すると、バスの前半分に活気が戻ってきた。彼ら、前半分の乗客たちは小声でささやきあい、僕ら被害者を見つめた。僕は特に教員が熱をおびた眼で僕らを見つめ、唇を震わせているのに気がついていた。僕は座席に躰をうずめ、彼らの眼からのがれるためにうなだれて眼をつむった。僕の躰の底で、屈辱が石のようにかたまり、ぶつぶつ毒の芽をあたりかまわずふきだし始めていた。

教員が立ちあがり、後部座席まで歩いてきた。僕は顔をふせたままでいた。教員はガラス窓の横軸にしっかり躰を支えて屈みこみ勤人に話しかけた。

著者紹介

大江 健三郎（おおえ けんざぶろう） 小説家。愛媛県出身。大学在学中の一九五八（昭和三三）年、『飼育』により当時最年少の二十三歳で芥川賞を受賞。サルトルの実存主義の影響を受けた作家として登場し、戦後日本の閉塞感をグロテスクな性のイメージを用いて描き、新世代の作家と目される。その後、豊富な外国文学の読書経験から独特の詩的な文体を得て、核や国家主義などの人類的な問題と、故郷の四国の森や知的障害のある長男で作曲家の大江光という自身の体験とを重ね合わせ独自の文学世界を作り上げた。一九九四（平成六）年ノーベル文学賞受賞。主な作品に『芽むしり仔撃ち』『個人的な体験』『万延元年のフットボール』『洪水はわが魂に及び』『同時代ゲーム』『「雨の木」（レイン・ツリー）を聴く女たち』『新しい人よ眼ざめよ』『懐かしい年への手紙』

『人生の親戚』など。一時は一九九五（平成七）年完結の『燃えあがる緑の木』を最後の小説にするとしていたが、一九九九（平成一一）年より執筆を再開。以降の『取り替え子（チェンジリング）』などの作品は自ら「後期の仕事（レイト・ワーク）」と位置づけている。

本文の出典は『日本文学选读』（北京大学出版社二〇〇九年）による。

課題

一、「羊撃ち、羊撃ち、パン パン と彼らは熱心にくりかえして訛りのある外国語で歌っていた」場面について、作者はどのような心情を持って、構想していたと考えられるか。

二、日本人に特有の傍観主義に対する批判や言葉の上でだけ民主主義の理念を語り、現実と戦おうとしない偽物の民主主義者への鋭い批判描いている場面をまとめよう。

三、「人間の羊」は一九五八（昭和三三）年に発表された短編小説である。初期の大江作品に描かれる進駐軍の兵士には、性犯罪の実態があったことに基づいているものと考えられる。一方で、後半に登場する教員の狂気じみた言動は現在の社会問題を連想させる。性犯罪問題および司法、メディア等による世論に関連して考えたことを述べなさい。

キッチン

吉本ばなな

私がこの世でいちばん好きな場所は台所だと思う。

どこのでも、どんなのでも、それが台所であれば食事を作る場所であれば私はつらくない。できれば機能的でよく使いこんであるといいと思う。乾いた清潔なふきんが何まいもあって白いタオルがぴかぴか輝く。

ものすごくきたない台所だって、たまらなく好きだ。

床に野菜くずがちらかっていて、スリッパの裏が真っ黒になるくらい汚ないそこは、異様に広いといい。ひと冬軽くこせるような食料が並ぶ巨大な冷蔵庫がそびえ立ち、その銀の扉に私はもたれかかる。油が飛び散ったガス台や、さびのついた包丁からふと目をあげると、窓の外には淋しく星が光る。

私と台所が残る。自分しかいないと思っているよりは、ほんの少しましな思想だと思う。

本当につかれはてた時、私はよくうっとりと思う。いつか死ぬ時がきたら、台所で息絶えたい。ひとり寒いところでも、だれかがいてあたたかいところでも、私はおびえずにちゃんと見つめたい。台所なら、いいなと思う。

田辺家にひろわれる前は、毎日台所で眠っていた。どこにいても何だか寝苦しいので、部屋からどんどん楽な方へと流れていったら、冷蔵庫のわきがいちばんよく眠れることに、ある夜明け気づいた。

私、桜井みかげの両親は、そろって若死にしている。そこで祖父母が私を育ててくれた。中学校へあがる頃、祖父が死んだ。そして祖母と二人でずっとやってきたのだ。

先日、なんと祖母が死んでしまった。びっくりした。

家族という、確かにあったものが年月の中でひとりひとり減っていって、自分がひとりここにいるのだと、ふと思い出すと目の前にあるものがすべて、うそに見えてくる。生まれ育った部屋で、こんなにちゃんと時間が過ぎて、私だけがいるなんて、驚きだ。

まるでＳＦだ。宇宙の闇だ。

葬式がすんでから三日は、ぼうっとしていた。

涙があんまり出ない飽和した悲しみにともなう、やわらかな眠けをそっとひきずっていって、しんと光る台所にふとんを引いた。①ライナスのように毛布にくるまって眠る。冷蔵庫のぶーんという音が、私を孤独な思考から守った。そこでは、けっこう安らかに長い夜が行き、朝が来てくれた。

ただ星の下で眠りたかった。

朝の光で目ざめたかった。

それ以外のことは、すべてただ淡々とすぎていった。

しかし！そうしてばかりもいられなかった。現実はすごい。

祖母がいくらお金をきちんと残してくれたとはいえ、一人で住むにはその部屋は広すぎて、高すぎて、私は部屋をさがさねばならなかった。

仕方なく、②アパ××情報を買って来てめくってみたが、こんなに並ぶたくさんの同じようなお部屋たちを見ていたら、くらくらしてしまった。引っこしは手間だ。パワーだ。

私は、元気がないし、日夜台所で寝ていたら体のふしぶしが痛くて、このどうでもよく思える頭をしゃんとさせて、家を見にいくなんて！荷物を運ぶなんて！電話を引くなんて！

と、いくらでも上げられる面倒を思いついては絶望してごろごろ寝ていたら、奇跡がボタもちのように訪ねてきたその午後を、私はよくおぼえている。

ピンポンとふいにドアチャイムが鳴った。

うすぐもりの春の午後だった。私は、アパ××情報を横目で見るのにすかっりあきて、どうせ引っこすならと雑誌をヒモでしばる作業に専念していた。あわてて半分ねまきみたいな姿で走り出て、何も考えずにドアのカギをはずしてドアを開いた。(強盗でなくてよかった)そこには田辺雄一が立っていた。

「先日はどうも。」

と私は言った。葬式の手伝いをたくさんしてくれた、ひとつ年下のよい青年だった。聞けば同じ大学の学生だと言う。今は私は大学を休んでいた。

「いいえ。」彼は言った。「住む所、決まりましたか?」

「まだ全然。」

私は笑った。

「やっぱり」

「上がってお茶でもどうですか?」

「いえ。今、出かける途中で急ぎですから。」彼は笑った。「伝えるだけちょっと、と思って。母親と相談したんだけど、しばらく家に来ませんか。」

「え?」

私は言った。

「とにかく今晩、七時ごろ家に来てください。これ、地図。」

「はあ。」私はぼんやりそのメモを受けとる。

「じゃ、よろしく。みかげさんが来てくれるのをぼくも母も楽しみにしてるから。」

彼は笑った。あんまり晴れやかに笑うので見なれた玄関に立つその人の、瞳がぐんとちかく見えて、目が離せなかった。ふいに名を呼ばれたせいもあると思う。

「……じゃ、とにかくうかがいます。」

悪く言えば、魔《ま》がさしたというのでしょう。しかし、彼の態度はとても“クール”だったので、私は信じることができた。目の前の闇には、魔がさすときいつもそうなように、一本道が見えた。白く光って確かそうに見えて、私はそう答えた。

彼は、じゃあとで、と言って笑って出ていった。

私は、祖母の葬式までほとんど彼を知らなかった。葬式の日、突然田辺雄一がやってきた時、本気で祖母の愛人だったのかと思った。焼香しながら彼は、泣きはらした瞳をとじて手をふるわせ、祖母の遺影を見ると、またぽろぽろと涙をこぼした。

私はそれを見ていたら、自分の祖母への愛がこの人よりも少ないのでは、と思わず考えてしまった。そのくらい彼は悲しそうに見えた。

そして、ハンカチで顔を押さえながら、

「何か手伝わせて下さい。」

と言うので、その後、いろいろ手伝ってもらったのだ。

田辺、雄一。

その名を、祖母からいつ聞いたのかを思い出すのにかなりかかったから、混乱していたのだろう。

彼は、祖母の行きつけの花屋でアルバイトしていた人だった。いい子がいて、田辺くんがねえ、今日もね……というようなことを何度も耳にした記憶があった。切り花が好きだった祖母は、いつも台所に花を絶やさなかったので、週に二回くらいは花屋に通っていた。そう言えば、いちど彼は大きな鉢植えを抱えて祖母の後ろを歩いて家に来たこともあった気がした。

彼は、長い手足を持った、きれいな顔だちの青年だった。素姓は何も知らなかったが、よく、ものすごく熱心に花屋で働いているのを見かけた気もする。ほんの少し知った後でも彼のその、どうしてか“冷たい”印象は変わらなかった。ふるまいや口調がどんなにやさしくても彼は、ひとりで生きている感じがした。つまり彼はその程度の知り合いに過ぎない、赤の他人だったのだ。

夜は雨だった。しとしとと、あたたかい雨が街を包む煙った春の夜を、地図を持って歩いていった。

田辺家のあるそのマンションは、うちからちょうど中央公園をはさんだ反対側にあった。公園を抜けていくと、夜の緑の匂いでむせかえるようだった。ぬれて光る小路が虹色にうつる中を、ぱしゃぱしゃ歩いていった。

私は、正直言って、呼ばれたから田辺家に向かっていただけだった。なーんにも、考えてはいなかったのだ。

その高くそびえるマンションを見上げたら彼の部屋がある10Ｆはとても高くて、きっと夜景がきれいに見えるんだろうなと私は思った。

エレベーターを降り、ろう下にひびきわたる足音を気にしながらドアチャイムを押すと雄一がいきなりドアを開けて、

「いらっしゃい。」

と言った。

おじゃまします、とあがったそこは、実に妙な部屋だった。

まず、台所へ続く居間にどかんとある巨大なソファーに目がいった。その広い台所の食器棚を背にして、テーブルを置くでもなく、じゅうたんをひくでもなくそれはあった。ベージュの布ばりで、ＣＭに出てきそうな、家族みんなですわってＴＶを見そうな、横に日本で飼えないくらい大きな犬がいそうな、本当に立派なソファーだった。

ベランダが見える大きな窓の前には、まるでジャングルのようにたくさんの植物群が鉢やらプランターやらに植わって並んでいて、家中よく見ると花だらけだった。いたるところにある様々な花びんに季節の花々が飾られていた。

「母親は今、店をちょっと抜けてくるそうだから、よかったら家の中でも見てて。案内しようか？　どこで判断するタイプ？」

お茶を入れながら雄一が言った。

「何を？」

私がそのやわらかなソファーにすわって言うと、

「家と住人の好みを。トイレ見るとわかるとか、よ

く言うでしょ。」

彼は淡々と笑いながら、落ちついて話す人だった。

「台所。」

と私は言った。

「じゃ、ここだ。何でも見てよ。」

彼は言った。

私は、彼がお茶を入れている後ろへ回りこんで台所をよく見た。

板ばりの床にひかれた感じのいいマット、雄一のはいているスリッパの質の良さ——必要最小限のよく使いこまれた台所用品がきちんと並んでかかっている。シルバーストーンのフライパンと、ドイツ製皮むきは家にもあった。横着な祖母が、楽してするする皮がむけると喜んだものだ。

小さな蛍光灯に照らされて、しんと出番を待つ食器類、光るグラス。ちょっと見ると全くバラバラでも、妙に品のいいものばかりだった。特別に作るもののための……たとえばどんぶりとか、③グラタン皿とか、巨大な皿とか、ふたつきのビールジョッキとかがあるのも、何だかよかった。小さな冷蔵庫も、雄一がいいと言うので開けてみたら、きちんと整っていて、入れっぱなしのものがなかった。

うんうんうなずきながら、見て回った。いい台所だった。私は、この台所をひとめでとても愛した。

ソファーに戻ってすわると、熱いお茶が出た。

ほとんど初めての家で、今まであまり会ったことのない人と向かいあっていたら、何だかすごく天涯孤独な気持ちになった。

雨におおわれた夜景が闇ににじんでゆく大きなガラス、にうつる自分と目が合う。

世の中に、この私に近い血のものはいないし、どこへ行って何をするのも可能だなんてとても豪快だった。

こんなに世界がぐんと広くて、闇がこんなにも暗くて、その果てしないおもしろさと淋しさに私は最近はじめてこの手でこの目で触れたのだ。今まで、片目をつぶって世の中を見てたんだわ、と私は、思う。

「どうして、私を呼んだんでしたっけ？」

私はたずねた。

「困ってると思って。」親切に目を細めて彼は言った。「おばあちゃんには本当にかわいがってもらったし、この通り家にはむだなスペースがけっこうあるから。あそこ、出なきゃいけないんでしょう？もう。」

「ええ、今は大家の好意で立ちのきを引きのばしてもらってたの。」

「だから、使ってもらおうと。」

と彼は当然のことのように言った。

彼のそういう態度が決してひどくあたたかくも冷たくもないことは、今の私をとてもあたためるように思えた。なぜだか、泣けるくらいに心にしみるものがあった。そうして、ドアがガチャガチャと開いて、ものすごい美人が息せききって走りこんできたのは、その時だった。

私はびっくりして目を見開いてしまった。かなり年は上そうだったが、その人は本当に美しかった。日常にはちょっとありえない服装と濃い化粧で、私は彼女のおつとめが夜のものだとすぐに理解した。

「桜井みかげさんだよ。」

と雄一が私を紹介した。

彼女ははあはあ息をつきながら少しかすれた声で、「はじめまして。」と笑った。「雄一の母です。えり子と申します。」

これが母？という驚き以上に私は目が離せなかった。肩までのさらさらの髪、切れ長の瞳の深い輝き、形のよい唇、すっと高い鼻すじ――そして、その全体からかもし出される生命力のゆれみたいな鮮やかな光――人間じゃないみたいだった。こんな人見たことない。

私はぶしつけなまでにじろじろ見つめながら、

「はじめまして。」

とほほえみ返すのがやっとだった。

「明日からよろしくね。」と彼女は私に優しく言うと雄一に向きなおり「ごめんね、雄一。全然ぬけらんないのよ。トイレ行くって言ってダッシュしてきたのよ。今。朝なら時間とれるから、みかげさんには泊ってもらってね。」とせかせか言い、赤いドレスをひるがえして玄関に走って行った。

「じゃ、車で送ってやるよ。」

と雄一は言い、

「ごめんなさい、私のために。」

と私は言った。

「いやー、まさかこんなに店がこむなんて思ってなかったのよ。こちらこそごめんなさいね、じゃ、朝ね！」

高いヒールで彼女はかけてゆき、雄一が、

「ＴＶでも見て待ってて！」と言ってその後を追ってゆき、私はぽかんと残った。

――よくよく見れば確かに年相応のシワとか、少し悪い歯並びとか、ちゃんと人間らしい部分を感じた。それでも彼女は圧倒的だった。もう一回会いたいと思わせた。心の中にあたたかい光が残像みたいにそっと輝いて、これが魅力っていうものなんだわ、と私は感じていた。はじめて水っていうものがわかったヘレンみたいに、言葉が生きた姿で目の前に新鮮にはじけた。大げさなんじゃなくて、それほど驚いた出会いだったのだ。車のキーをガチャガチャならしながら雄一は戻って来た。

「十分しか抜けられないなら、電話入れればいいと思うんだよね。」

とたたきで靴をぬぎながら彼は言った。

私はソファーにすわったまま、

「はあ。」

と言った。

「みかげさん、家の母親にビビった？」

彼は言った。

「うん、だってあんまりきれいなんだもの。」

私は正直に告げた。

「だって。」雄一が笑いながらあがってきて、目の前の床に腰をおろして言った。「整形してるんだもの。」

「え。」私は平静を装って言った。「どおりで顔のつくりが全然似てないと思ったわ。」

「しかもさあ、わかった？」本当におかしくてたまらなそうに彼は続けた。「あの人、男なんだよ。」

今度は、そうはいかなかった。私は目を見開いたまま無言で彼を見つめてしまった。まだまだ、冗談だって、という言葉をずっと待てると思った。あの細い指、しぐさ、身のこなしが？　あの美しい面影を思い出して私は息をのんで待ったが、彼はうれしそうにしているだけだった。

「だって。」私は口を開いた。「母親って、母親って言ってたじゃない！」

「だって、実際に君ならあれを父さんって呼べる？」

彼は落ち着いてそう言った。それは、本当にそう思えた。すごく納得のいく答えだ。

「えり子って名前は？」

「うそ、本当は雄司って言うみたい。」

私は、本当に目の前が真っ白く見えるようだった。そして、話を聞く態勢にやっと入れたので、たずねた。

「じゃあ、あなたを産んだのはだれ？」

「昔は、あの人も男だったんだよ。」彼は言った。「すごく若い頃ね。それで結婚していたんだよね。その相手の女性がぼくの本当の母親なんだ。」

「どんな……人だったのかしら。」

見当がつかなくて私は言った。

「ぼくもおぼえてないんだ。小さい頃に死んじゃってね。写真あるけど、見る？」

「うん。」

私がうなずくと彼は自分のカバンをすわったままずるずるたぐりよせて、札入れの中から古い写真を出して私に手渡した。

何とも言えない顔の人だった。短い髪、小さな目

鼻。奇妙な印象の、年がよくわからない女性の……私が黙ったままでいると、

「すごく変な人でしょう。」

と彼が言い、私が困って笑った。

「さっきのえり子さんはね、この写真の母の家に小さい頃、何かの事情で引きとられて、ずっといっしょに育ったそうだ。男だった頃でも顔だとがよかったからかなりもてたらしいけど、なぜかこの変な顔の。」彼はほほえんで写真を見た。「お母さんにものすごく執着してねえ、恩を捨ててかけおちしたんだってさ。」

私はうなずいていた。

「この母が死んじゃった後、えり子さんは仕事をやめて、まだ小さなぼくを抱えて何をしようか考えて、女になることに決めたんだって。もう、誰も好きになりそうにないからってさ。女になる前はすごい無口な人だったらしいよ。半端なことがきらいだから、顔から何からもうみんな手術しちゃってさ、残りの金でそのすじの店を一つ持ってさ、僕を育ててくれたんだ。女手一つでって言うの？これも。」

彼は笑った。

「す、すごい生涯ね。」

私は言い。

「まだ生きてるって。」

と雄一が言った。

信用できるのか、何かまだひそんでいるのか、この人たちのことは聞けば聞くほどよくわからなくなった。

しかし、私は台所を信じた。それに、似ていないこの親子には共通点があった。笑った顔が神仏みたいに輝くのだ。私は、そこがとてもいいと思っていたのだ。

「明日の朝はぼくいないから、あるものは何でも使っていいよ。」

眠そうな雄一が毛布やらねまきやらを抱えて、シャワーの使い方や、タオルの位置を説明していった。

身の上話を聞いた後、あんまりちゃんと考えずに雄一とビデオを見ながら花屋の話とか、おばあちゃんの話とかをしているうちに、どんどん時間が過ぎてしまったのだ。今や、夜中の一時だった。そのソファーは心地よかった。一度かけると、もう二度と立ちあがれないくらいに柔らかくて深く広かった。

「あなたのお母さんさ」さっき私は言った。「家具のところでこれにちょっとすわってみたら、どうしてもほしくなって買っちゃったんじゃない?」

「大当たり。」彼は言った。「あの人って、思いつきだけで生きてるからね。それを実現する力があるのが、すごいなと思うんだけど。」

「そうよね。」

私は言った。

「だから、そのソファーは、当分君のものだよ。君のベッドだよ。」彼は言った。「使い道があって本当によかった。」

「私」私はかなりそっと言ってみた。「本当にここで眠っていいの?」

「うん。」

彼はきっぱり言った。

「……かたじけない。」

と私は言った。

彼は、ひととおりの説明を終えるとおやすみと言って自分の部屋へ戻っていった。

私も眠かった。

人の家のシャワーを浴びながら、自分は何をしてるのかなと久しぶりに疲れが消えてゆく熱い湯の中で考えた。

借りたねまきに着がえて、しんとした部屋に出ていった。ぺたぺたとはだしで台所をもう一回見に行く。やはり、よい台所だった。

そして、今宵私の寝床となったそのソファーにたどりつくと、電気を消した。

窓辺で、かすかな明かりに浮かぶ植物たちが10Fからの豪華な夜景にふちどられてそっと息づいていた。

夜景——もう、雨はあがって湿気を含んだ透明な大気にきらきら輝いて、それはみごとに映っていた。

私は毛布にくるまって、今夜も台所で眠ることがおかしくて笑った。しかし、孤独がなかった。私は待っていたのかもしれない。今までのことも、これからのこともしばらくだけの間、忘れられる寝床だけを待ち望んでいたのかもしれない。となりに人がいては淋しさが増えすからいけない。でも、台所があり、植物がいて、同じ屋根の下には人がいて、静かで……ベストだった。ここは、ベストだ。

安心して私は眠った。

目がさめたのは水音でだった。

まぶしい朝が来ていた。ぼんやりおきあがると、台所に“えり子さん”の後ろ姿があった。きのうに比べて地味な服装だったが、

「おはよう。」

とふりむいたその顔の派手さがいっそうひきたち、わたしはぱっと目がさめた。

「おはようございます。」

とおきあがると、彼女は冷蔵庫を開けて困っている様子だった。私を見ると、

「いつもあたし、まだ寝てるんだけど何だかお腹がへってねえ……。でも、この家何もないのよね。出前とるけど、何食べたい?」

と言った。

私は立ちあがって、

「何か作りましょうか。」

と言った。

「ほんとうに?」と言った後、彼女は「そんなに寝ぼけてて包丁持てる?」と不安そうに言った。

「平気です。」

部屋中がサンルームのように、光に満ちていた。甘やかな色の青空が果てしなく続いて見渡せて、まぶしかった。

お気に入りの台所に立てたうれしさで目がさえてくると、ふいに、彼女が男だと言うのを思い出してし

まった。

私は思わず彼女を見た。嵐のようなデジャヴーがおそってくる。

光、ふりそそぐ朝の光の中で、木の匂いがする、このほこりっぽい部屋の床にクッションをひき、寝ころんでTVを見ている彼女がすごく、なつかしかった。

私の作った玉子がゆと、きゅうりのサラダを彼女はうれしそうに食べてくれた。

真昼、春らしい陽気で、外からはマンションの庭でさわぐ子供たちの声が聞こえる。

窓辺の草木は柔らかな陽ざしに包まれて鮮かなみどりに輝き、はるかに淡い空にうすい雲がゆっくりと流れてゆく。

のんびりとした、あたたかい昼だった。

きのうの朝までは想像もありえなかった、見知らぬ人との遅い朝食の場面を私はとても不思議に感じた。

テーブルがないもので、床に直接いろんなものを置いて食べていた。コップが陽にすけて、冷たい日本茶のみどりが床にきれいにゆれた。

「雄一がね。」ふいにえり子さんが私をまじまじと見て言った。「あなたのこと、昔飼ってたのんちゃんに似てるって前から言ってたけど、本当──に似てるわ。」

「のんちゃんと申しますと？」

「ワンちゃん。」

「はあー。」ワンちゃん。

「その目の感じといい、毛の感じといい……。昨日初めてお見かけした時、ふきだしそうになっちゃったわ。本当にねえ。」

「そうですか？」ないとは思うけど、④セントバーナードとかだったらいやだな、と思った。

「のんちゃんが死んじゃったとき、雄一はごはんものどを通らなかったのよ。だから、あなたのことも人ごととは思えないのね。男女の愛かどうかは保証できないけど。」

くすくすお母さんは笑った。

「ありがたく思います。」

私は言った。

「あなたの、おばあちゃんにもかわいがってもらったんですってね。」

「ええ。おばあちゃんは雄一くんをとても好きでした。」

「あの子ね、かかりっきりで育ててないからいろいろ手落ちがあるのよ。」

「手落ち?」

私は笑った。

「そう。」お母さんらしいほほえみで彼女は言った。「情緒もめちゃくちゃだし、人間関係にも妙にクールでね、いろいろとちゃんとしてないけど……やさしい子にしたくてね、そこだけは必死に育てたの。あの子は、やさしい子なのよ。」

「ええ、わかります。」

「あなたもやさしい子ね。」

彼であるところの彼女は、にこにこしていた。よくTVで見るNYのゲイたちの、あの気弱な笑顔に似てはいた。しかし、そう言ってしまうには彼女は強すぎた。あまりにも深い魅力が輝いて、彼女をここまで運んでしまった。それは死んだ妻にも息子にも本人にさえ止めることができなかった、そんな気がする。彼女には、そういうことが持つ、しんとした淋しさがしみこんでいた。

彼女はきゅうりをぽりぽり食べながら言った。

「よくね、こういうこと言って本当は違うこと考えてる人たくさんいるけど、本当に好きなだけここにいてね。あなたがいい子だって信じてるから、あたしは心からうれしいのよ。行くところがないのは、傷ついてるときにはきついことよ。どうか、安心して利用してちょうだい。ね?」

私の瞳をのぞきこむようにそう念を押した。

「……ちゃんと、部屋代入れます。」私はなんだか胸が詰まって、必死で言った。「次住む所を見つけるまで、ここで眠らして下さい。」

「いいのよ、気なんか使わないで。それよりたまに、おかゆ作って。雄一のより、ずっとおいしい。」と、彼女は笑った。

年寄りと二人で暮すというのは、ひどく不安なことだ。元気であればあるほどそうだった。実際に祖母といた時、そんなことは考えたこともなく楽しくやっていたけれど、今ふりかえるとそう思えてならなかった。

私は、いつもいつでも「おばあちゃんが死ぬのが」こわかった。

私が帰宅すると、TVのある和室から祖母が出てきて、おかえりと言う。遅い時はいつもケーキを買って帰った。外泊でも何でも、言えば怒らない大らかな祖母だった。時にはコーヒーで、ときには日本茶で、私たちはTVを見ながらケーキを食べて、寝る前のひとときを過ごした。

小さい頃から変わらない祖母の部屋で、たわいのない世間話とか、芸能界の話とか、その日一日のことを何となく話した。雄一のことも、この時間に語られたように思う。

どんなに夢中な恋をしていても、どんなに多くお酒を飲んで楽しく酔っぱらっていても私は心の中でいっも、たったひとりの家族を気にかけていた。

部屋のすみに息づき、押してくるそのぞっとするような静けさ、子供と年寄りがどんなに陽気に暮らしていても、うめられない空間があることを、私はだれにも教えられなくてもずいぶん早くに感じとった。

雄一もそうだと思う。

本当に暗く淋しいこの山道の中で、自分も輝くことだけがたったひとつ、やれることだと知ったのは、いくつの時だろうか。愛されて育ったのに、いつも淋しかった。

――いつか必ず、だれもが闇の中へちりぢりになって消えていってしまう。

そのことを体にしみこませた目をして歩いている。

私に雄一が反応したのは当然なのかもしれない

著者紹介

吉本　ばなな（よしもと　ばなな）　一九六四（昭和三九）年東京生まれ。日本大学芸術学部文芸学科卒。一九八七（昭和六二）年に『キッチン』で「海燕」新人文学賞、一九八八（昭和六三）年に単行本『キッチン』で泉鏡花文学賞、一九八九（平成元）年に『TUGUMI』で山本周五郎賞をそれぞれ受賞。日本国外での評価も高く、イタリアのスカンノ賞、フェンディッシメ文学賞を受賞。『白河夜船』、『N・P』、『アムリタ（上・下）』（紫式部文学賞）、『ハチ公の最後の恋人』、『ハネムーン』、『不倫と南米』（ドゥ＝マゴ文学賞）、『体は全部知っている』、『虹』など著書多数。

本文の出典は『キッチン』〔福武文庫　一九九一（平成三）年〕による。

注

① ライナス（Linus van Pelt）　「スヌーピー（〝Snoopy〟）」で有名なアメリカのアニメ〝Peanuts（『ピーナッツ』）〟に登場する男の子こと。ライナスは常に毛布を持っていないと不安になるキャラクター。

② アパ××情報　空き室となっている賃貸物件、つまりアパートを紹介する雑誌。××と隠し文字にした理由は、特定の雑誌名と重ならないような匿名性、本作品による広告効果の回避、知的財産意識などへの配慮である。

③ グラタン皿　グラタン（gratin仏）を作る際にもちいる薄めの皿。グラタンは、肉、魚介、野菜などをホワイトソースと和え、パン粉や粉チーズをか

けてオーブンで焼いたフランス料理。

④　セントバーナード　スイス原産の大型犬。雪中遭難者に対する救助犬や番犬としても活躍する。

課題

一、「その果てしないおもしろさと淋《さび》しさに私は最近はじめてこの手でこの目で触れたのだ」(P. 49)とあるが、みかげは今まで自分のどんな経験を思って、そう感じたのか。また、「今まで、片目をつぶって世の中を見てたんだわ、と私は、思う」と言ったのはなぜ。

二、みかげが雄一の母親と会話した後(P. 58)、祖母のことを思い出すのはなぜか。「私に雄一が反応したのは当然なのかもしれない」(P. 58)とあるが、みかげに雄一が共感しているのはどんなことか。

三、作者が「キッチン」を題名にした理由を考えてみよう。

①伊豆の踊子

川端 康成

一

道が②つづら折りになって、いよいよ③天城峠《あまぎとうげ》に近づいたと思う頃、雨脚が杉の密林を白く染めながら、すさまじい早さで麓から私を追って来た。

私は二十歳、④高等学校の制帽をかぶり、⑤紺飛白《こんがすり》の着物に⑥袴をはき、学生カバンを肩にかけていた。一人伊豆の旅に出てから四日目のことだった。⑦修善《しゅぜん》寺《じ》温泉に一夜泊り、⑧湯《ゆ》ケ島《しま》温泉に二夜泊り、そして⑨朴歯《ほおば》の高下駄《たかげた》で天城を登って来たのだった。重なり合った山々や原生林や深い渓谷の秋に見惚《と》れながらも、私は一つの期待に胸をときめかして道を急いでいるのだった。そのうちに大粒の雨が私を打ち始めた。折れ曲がった急な坂道を駆け登った。ようやく峠の北口の茶屋に辿りついてほっとすると同時に、私はその入り口で立ちすくんでしまった。余りに期待がみごとに的中したからである。そこで⑩旅芸人の一行が休んでいたのだ。

突っ立っている私を見た踊子が直ぐに自分の⑪座蒲団を外して、裏返しに傍へ置いた。

「ええ……。」とだけ言って、私はその上に腰をおろした。坂道を走った息切れと驚きとで、「ありがとう」という言葉が咽にひっかかって出なかったのだ。踊子と真近に向かい合ったので、私は慌てて⑫袂《たもと》から煙草を取り出した。踊子がまた連れの女の前の煙草盆を引き寄せて私に近くしてくれた。やっぱり私は黙っていた。

踊子は十七くらいに見えた。私には分からない古風の不思議な形に大きく髪を結っていた。それが卵型の凛々《りり》しい顔を非常に小さく見せながらも、美しく調和していた。髪を豊かに誇張して描いた、⑬稗史《はいし》的な娘の絵姿のような感じだった。踊子の連れは四十代の女が一人、若い女が二人、ほかに⑭長岡《ながおか》温泉の宿屋の⑮印半纏《しるしばんてん》を着た二十五六の男がいた。

私はそれまでにこの踊子たちを二度見ているのだった。最初は私が湯ヶ島へ来る途中、修善寺へ行く彼女たちと⑯湯川橋《ゆかわばし》の近くで出会った。その時は若い女が三人だったが、踊子は太鼓を提《さ》げていた。私は振り返り振り返りながめて、旅情自分の身についたと思った。それから、湯ヶ島の二日目の夜、宿屋へ⑰流しが来た。踊子が玄関の板敷きで踊るのを、私は梯子段の中途に腰を下ろして一心に見ていた。——あの日が修善寺で今夜が湯ヶ島なら、明日は天城を南に越えて⑱湯ヶ野《ゆの》温泉へ行くのだろう。天城⑲七里の山道できっと追いつけるだろう。そう空想して道を急いで来たのだったが、雨宿りの茶屋でぴったり落ち合ったものだから、私はどぎまぎしてしまったのだ。

間もなく、茶店の婆さんが私を別の部屋へ案内してくれた。平常用はないらしく戸障子《としょうじ》がなかった。下を覗くと美しい谷が目の届かない程深かった。私は肌に粟粒《あわつぶ》を拵《こしら》え、かちかちと歯を鳴らして身顫《みぶる》いした。茶を入れに来た婆さんに、寒いというと、

「おや、⑳旦那様、お濡れになってるじゃございませんか。こちらで暫くおあたりなさいまし。さあ、お召物をお乾かしなさいまし」と、手を取るようにして、自分たちの居間へ誘ってくれた。

その部屋は炉が切ってあって、障子をあけると強い火気が流れて来た。(編集者、中略)私の着物から湯気が立って、頭が痛む程火が強かった。婆さんは店に出て旅芸人の女と話していた。

「そうかねえ。この前連れていた子がもうこんなになったのかい。いい㉑娘《あんこ》になって、おまえさんも結構だよ。こんなに綺麗になったのかねえ。女の子は早い

もんだよ」

小一時間経つと、旅芸人たちが出で立つらしい物音が聞こえて来た。私も落ち着いている場合ではないのだが、胸騒ぎするばかりで立ち上がる勇気が出なかった。旅馴れたと言っても女の足だから、㉒十町や二十町後《おく》れたって一走りに追いつけると思いながら、炉の傍《そば》で、いらいらしていた。しかし踊子たちが傍にいなくなると、却って私の空想は解き放たれたように生き生きと踊り始めた。彼等を送り出して来た婆さんに聞いた。

「あの芸人は今夜どこで泊るんでしょう。」

「㉓あんな者、どこで泊るやら分るものでございますか、旦那様。お客があればあり次第、どこにだって泊るんでございますよ。今夜の宿のあてなんぞございますものか」

甚《はなは》だしい軽蔑を含んだ婆さんの言葉が、それならば、踊子を今夜は私の部屋に泊らせるのだ、と思った程私を煽《あお》り立てた。

雨脚が細くなって、峰が明るんで来た。もう十分も待てば綺麗に晴れ上がると、しきりに引き止められたけれども、じっと坐っていられなかった。

（編集者、略）

二

トンネルの出口から白塗りの柵に片側を縫われた峠道が稲妻のように流れていた。この模型のような展望の裾の方に芸人達の姿が見えた。六町と行かないうちに私は彼等の一行に追いついた。しかし急に歩調を緩《ゆる》めることも出来ないので、私は冷淡な風に女達を追い越してしまった。㉔十間程先に一人歩いていた男が私を見ると立ち止まった。

「お足が早いですね。——いい塩梅《あんばい》に晴れました」

私はほっとして男と並んで歩き始めた。男は次ぎ次ぎにいろんなことを私に聞いた。二人が話し出したのを見て、うしろから女たちがばたばた走り寄って来た。

男は大きい㉕柳行李を背負っていた。四十女は小犬を抱いていた。上の娘が風呂敷包、中の娘が柳行李、それぞれ大きい荷物を持っていた。踊子は太鼓とその枠を負うていた。四十女もぽつぽつ私に話しかけた。

「高等学校の学生さんよ」と、上の娘が踊子に囁《ささや》いた。私が振り返ると笑いながら言った。

「そうでしょう。それくらいのことは知っています。島へ学生さんが来ますもの」

一行は大島の㉖波浮《はぶ》の港の人たちだった。春に島を出てから旅を続けているのだが、寒くなるし、冬の用意はして来ないので、下田に十日程いて㉗伊東温泉から島へ帰るのだと言った。大島と聞くと私は一層詩を感じて、また踊子の美しい髪を眺めた。大島のことをいろいろ訊《たず》ねた。

「学生さんがたくさん泳ぎに来るね」と踊子が連れの女に言った。

「夏でしょう。」と、私が振り向くと、踊子はどぎまぎして、

「冬でも……」と、小声で答えたように思われた。

「冬でも？」

踊子はやはり連れの女を見て笑った。

「冬でも泳げるんですか」と私がもう一度言うと、踊子は赤くなって、非常に真面目な顔をしながら軽くうなずいた。

「馬鹿だ。この子は」と、四十女が笑った。

湯ケ野までは㉘河津川の渓谷に沿うて三里余りの下りだった。峠を越えてからは、山や空の色までが南国らしく感じられた。私と男とは絶えず話し続けて、すっかり親しくなった。荻乗《おぎのり》や梨本《なしもと》なぞの小さい村里を過ぎて、湯ケ野の藁《わら》屋根が麓に見えるようになった頃、私は下田まで一緒に旅をしたいと思い切って言った。彼はたいへん喜んだ。

湯ケ野の㉙木賃宿《きちんやど》の前で四十女が、ではお別れ、という顔をした時に、彼は言ってくれた。

「この方はお連れになりたいとおっしゃるんだよ」

「それは、それは。㉚旅は道連れ、世は情け。私たちのようなつまらない者でも、御退屈しのぎにはなりますよ。まあ上ってお休みないまし」と無造作に答えた。娘達は一時《いちどき》に私を見たが、至極なんでもないという顔で黙って、少し羞《はず》かしそうに私を眺めていた。

皆といっしょに宿屋の二階へ上がって荷物を下ろした。畳や襖《ふすま》も古びて汚なかった。踊子が下から茶を運んで来た。私の前に坐ると、真紅《まっか》になりながら手をぶるぶる顫わせるので茶碗が茶托から落ちかかり、落すまいと畳に置く拍子に茶をこぼしてしまった。余りにひどいはにかみようなので、私はあっけにとられた。

「まあ！厭《いや》らしい。この子は色気づいたんだよ。あれあれ……」と、四十女が呆れ果てたという風に眉をひそめて手拭《てぬぐ》いを投げた。踊子はそれを拾って、窮屈そうに畳を拭いた。

この意外な言葉で、私はふと自分を省みた。峠の婆さんに煽り立てられた空想がぽきんと折れるのを感じた。

そのうちに突然四十女が、

「書生さんの紺飛白はほんとにいいねえ」と言って、しげしげ私を眺めた。

「この方の飛白は民次《たみじ》と同じ柄だね。ね、そうだね。同じ柄じゃないかね」

傍の女に幾度も㉛駄目を押してから私に言った。

「国に学校行きの子供を残してあるんですが、その子を今思い出しましてね。その子の飛白と同じなんですもの。この節は紺飛白もお高くてほんとに困ってしまう」

「どこの学校です」

「㉜尋常五年なんです」

「へえ、尋常五年とはどうも……」

「㉝甲府《こうふ》の学校へ行ってるんでございますよ。長く大島に居りますけれど、国は㉞甲斐の甲府でございましてね」

一時間程休んでから、男が私を別の温泉宿へ案内してくれた。それまでは私も芸人達と同じ木賃宿に泊ることばかり思っていたのだった。私たちは街道から石ころ路や石段を一町ばかり下りて、小川のほとりにある㉟共同湯の横の橋を渡った。橋の向うは温泉宿の庭だった。

(編集者、略)

夕暮からひどい雨になった。山々の姿が遠近を失って白く染まり、前の小川が見る見る黄色く濁って音を高めた。こんな雨では踊子達が流して来ることもあるまいと思いながら、私はじっと坐っていられないので二度も三度も湯にはいってみたりしていた。部屋は薄暗かった。隣室との間の襖を四角く切り抜いたところに㊱鴨居《かもい》から電燈が下がっていて、一つの明りが二室兼用になっているのだった。

ととんとんとん、激しい雨の音の遠くに太鼓の響きが微かに生れた。私は掻き破るように雨戸を明けて体を乗り出した。太鼓の音が近づいて来るようだ。雨風が私の頭を叩いた。私は目を閉じて耳を澄ましながら、太鼓がどこをどう歩いてここへ来るかを知ろうとした。間もなく三味線の音が聞えた。女の長い叫び声が聞えた。賑やかな笑い声が聞えた。そして芸人達は木賃宿と向い合った料理屋のお座敷に呼ばれているのだとわかった。二三人の女の声と三四人の男の声とが聞き分けられた。そこがすめばこちらへ流して来るのだろうと待っていた。しかしその酒宴は陽気を越えて馬鹿騒ぎになって行くらしい。女の金切り声が時々稲妻のように闇夜に鋭く通った。私は神経を尖《とが》らせて、いつまでも戸を明けたままじっと坐っていた。太鼓の音が聞える度に胸がほうと明るんだ。

「ああ、踊子はまだ宴席に坐っていたのだ。坐って太鼓を打っているのだ」

太鼓が止むとたまらなかった。雨の音の底に沈み込んでしまった。

(編集者、略)

三

翌《あく》る朝の九時過ぎに、もう男が私の宿に訪ねて来た。起きたばかりの私は彼を誘って湯に行った。美しく晴れ渡った南伊豆の㊲小春日和《びより》で、水かさの増した小川が㊳湯殿《ゆどの》の下に暖かく日を受けていた。自分にも昨夜の悩ましさが夢のように感じられるのだったが、私は男に言ってみた。

「昨夜は大分遅くまで賑やかでしたね」

「なあに。聞こえましたか」

「聞こえましたとも」

「この土地の人なんですよ。土地の人は馬鹿騒ぎをするばかりで、どうも面白くありません」

彼が余りに何げない風なので、私は黙ってしまった。

「向うのお湯にあいつらが来ています。——ほれ、こちらを見つけたと見えて笑っていやがる」

彼に指ざされて、私は川向うの共同湯の方を見た。湯気の中に七八人の裸体がぼんやり浮かんでいた。

仄暗《ほのぐら》い湯殿の奥から、突然裸の女が走り出して来たかと思うと、脱衣場の突鼻《とっぱな》に川岸へ飛び下りそうな恰好で立ち、両手を一ぱいに伸ばして何か叫んでいる。手拭もない真裸だ。それが踊子だった。若桐のように足のよく伸びた白い裸身を眺めて、私は心に清水を感じ、ほうっと深い息を吐いてから、ことこと笑った。子供なんだ。私達を見つけた喜びで真裸のまま日の光の中に飛び出し、爪先で背一ぱいに伸び上がる程に子供なんだ。私は朗らかな喜びでことことと笑い続けた。頭が拭われたように澄んで来た。微笑がいつまでもとまらなかった。

踊子の髪が豊かすぎるので、十七八に見えていたのだ。その上娘盛りのように装わせてあるので、私はとんでもない思い違いをしていたのだ。

男と一緒に私の部屋に帰っていると、間もなく上の娘が宿の庭へ来て菊畑を見ていた。踊子が橋を半分ほど渡っていた。四十女が共同湯を出て二人の方を見た。踊子はきゅっと肩をつぼめながら、叱られるから帰ります、という風に笑って見せて急ぎ足に引き返した。四十女が橋まで来て声を掛けた。

「お遊びにいらっしゃいまし」

「お遊びにいらっしゃいまし」

上の娘も同じことを言って、女たちは帰って行った。男はとうとう夕方まで坐り込んでいた。

夜、紙類を卸して廻る行商人と碁を打っていると、宿の庭に突然太鼓の音が聞えた。私は立ち上がろうとした。

「流しが来ました」

「ううん、つまらない、あんなもの。さ、さ、あなたの[39]手ですよ。私ここへ打ちました」と、碁盤を突きながら紙屋は勝負に夢中だった。私はそわそわしているうちに芸人達はもう帰り路らしく、男が庭から、

「今晩は」と声を掛けた。

(編集者、略)

四

その次の朝八時が湯ケ野出立の約束だった。私は共同湯の横で買った[40]鳥打帽をかぶり、高等学校の制帽をカバンの奥に押し込んでしまって、街道沿いの木賃宿へ行った。二階の戸障子がすっかり開け放たれているので、なんの気なしに上って行くと、芸人達はまだ床の中にいるのだった。私は面喰って廊下に突っ立っていた。

(編集者、略)

「たいへんすみませんのですよ。今日立つつもりでしたけれど、今晩[41]お座敷がありそうでございますから、私たちは一日延ばしてみることにいたしました。どうしても今日お立ちになるなら、また下田でお目にかかりますわ。私たちは甲州屋という宿屋に決めて居りますから、直ぐお分かりになります」と四十女が寝床から半ば起き上って言った。私は[42]突っ放されたように感じた。

「明日にしていただけませんか。おふくろが一日延ばすって承知しないもんですからね。道連れのある方がよろしいですよ。明日一緒に参りましょう」と男が言うと、四十女も附け加えた。

「そうなさいましよ。折角お連れになっていただいて、こんな我儘《わがまま》を申しちゃすみませんけれど――。明日は㊸槍《やり》が降っても立ちます。明後日が旅で死んだ赤坊の㊹四十九日でございましてね、四十九日には心ばかりのことを、下田でしてやりたいと前々から思って、その日までに下田へ行けるように旅を急いだのでございますよ。そんなことを申しちゃ失礼ですけれど、不思議な御縁ですもの、明後日はちょっと拝んでやって下さいましな」

そこで私は出立を延ばすことにして階下へ下りた。皆が起きて来るのを待ちながら、汚い㊺帳場で宿の者と話していると、男が散歩に誘った。街道を少し南へ行くと綺麗な橋があった。橋の欄干によりかかって、彼はまた身の上話を始めた。東京である㊻新派役者の群に暫く加わっていたとのことだった。今でも時々大島の港で芝居をするのだそうだ。彼等の荷物の風呂敷から刀の鞘《さや》が足のように食《は》み出していたのだったが、お座敷でも芝居の真似をして見せるのだと言った。柳行李の中はその衣装や鍋茶碗なぞの世帯《しょたい》道具なのである。

「私は身を謝った果て落ちぶれてしまいましたが、兄が甲府で立派に家の㊼後目《あとめ》を立てていてくれます。だから私はまあ入らない体なんです」

「私はあなたが長岡温泉の人だとばかり思っていましたよ」

「そうでしたか。あの上の娘が女房ですよ。あなたより一つ下、十九でしてね、旅の空で二度目の子供を早産しちまって、子供は一週間ほどして息が絶えるし、女房はまだ体がしっかりしないんです。あの婆さんは女房の実のおふくろなんです。踊子は私の実の妹ですが」

「へえ。十四になる妹があるっていうのは――。」

「あいつですよ。妹にだけはこんなことをさせたくないと思いつめていますが、そこにはまたいろんな事情がありましてね」

それから、自分が栄吉、女房が千代子、妹が薫《かおる》ということなぞを教えてくれた。もうひとりの百合子という十七の娘だけが大島生れで雇いだとのことだった。栄吉はひどく感傷的になって泣き出しそうな顔をしながら河瀬を見つめていた。

（編集者、略）

この日も、栄吉は朝から夕方まで私の宿に遊んでいた。純朴で親切らしい宿のおかみさんが、あんな者に御飯を出すのは勿体ないと言って、私に忠告した。

夜、私が木賃宿に出向いて行くと、踊子はおふくろに三味線を習っているところだった。私を見ると止めてしまったが、おふくろの言葉でまた三味線を抱き上げた。

（編集者、略）

そこへこの木賃宿の間を借りて[48]鳥屋をしているという四十前後の男が襖をあけて、ご馳走をすると娘達を呼んだ。踊子は百合子といっしょに箸を持って隣りの間へ行き、鳥屋が食べ荒らしたあとの[49]鳥鍋をつついていた。こちらの部屋へ一緒に立って来る途中で、鳥屋が踊子の肩を軽く叩いた。おふくろが恐ろしい顔をした。

「こら。この子に触っておくれでないよ。生娘なんだからね」

踊子はおじさんおじさんと言いながら、鳥屋に「[50]水戸黄門漫遊記」を読んでくれと頼んだ。しかし鳥屋はすぐに立って行った。続きを読んでくれと私に直接言えないので、おふくろから頼んで欲しいようなことを、踊子がしきりに言った。私は一つの期待を持って[51]講談本を取り上げた。果して踊子がするすると近寄って来た。私が読み出すと、彼女は私の肩に触る程に顔を寄せて真剣な表情をしながら、眼をきらきら輝かせて一心に私の額をみつめ、瞬き一つしなかった。これは彼女が本を読んで貰う時の癖らしかった。さっきも鳥屋と殆ど顔を重ねていた。私はそれを見ていたのだった。この美しく光る[52]黒目がちの大きい眼は踊子の一番美しい持ちものだった。二重瞼の線が言いようなく綺麗だった。それから彼女は花のように笑うのだった。花のように笑うと言う言葉が彼女にはほんとうだった。

間もなく、料理屋の女中が踊子を迎えに来た。踊子は衣装をつけて私に言った。

「直ぐ戻ってきますから、待っていて続きを読んで下さいね」

それから廊下に出て[53]手を突いた。

「行って参ります」

(編集者、略)

好奇心もなく、軽蔑も含まない、彼等が遊芸人という種類の人間であることを忘れてしまったような、私の尋常な好意は、彼等の胸にも沁《し》み込んで行くらしかった。私はいつの間にか大島の彼等の家へ行くことにきまってしまっていた。

(編集者、略)

夜半を過ぎてから私は木賃宿を出た。娘達が送って出た。踊子が下駄を直してくれた。踊子は門口《かどぐち》から首を出して、明るい空を眺めた。

「ああ、お月さま。——明日は下田、嬉しいな。赤坊の四十九日をして、おっかさんに櫛《くし》を買って貰って、それからいろんなことがありますのよ。[54]活動へ連れて行って下さいましね」

下田の港は、伊豆[55]相模《さがみ》の温泉場なぞを流して歩く旅芸人が、旅の空での故郷として懐かしがるような空気の漂った町なのである。

五

芸人達はそれぞれに天城を越えた時と同じ荷物を持った。おふくろの腕の輪に小犬が前足を載せて旅馴れた顔をしていた。湯ケ野を出外れると、また山にはいった。海の上の朝日が山の腹を温めていた。私達は朝日の方を眺めた。河津川の行手に河津の浜が明るく開けていた。

「あれが大島なんですね」

「あんなに大きく見えるんですもの、いらっしゃいましね」と踊子が言った。

秋空が晴れ過ぎたためか、日に近い海は春のように霞んでいた。ここから下田まで五里歩くのだった。暫くの間海が見え隠れしていた。千代子はのんびりと歌を歌い出した。

途中で少し険しいが二十町ばかり近い山越えの間道《かんどう》を行くか、楽な本街道を行くかと言われた時に、私は勿論近路を選んだ。

落葉で辷《すべ》りそうな[56]胸突き上りの[57]木下道《こしたみち》だった。息が苦しいものだから、却ってやけ半分に私は膝頭《ひざがしら》を掌で突き伸ばすようにして足を早めた。見る見るうちに一行は後《おく》れてしまって、話し声だけが木の中から聞こえるようになった。踊子が一人裾を高く掲げて、[58]とっとっと私について来るのだった。一間程うしろを歩いて、その間隔を縮めようとも伸そうともしなかった。私が振り返って話しかけると、驚いたように微笑《ほほえ》みながら立ち止まって返事をする。踊子が話しかけた時に、追いつかせるつもりで待っていると、彼女はやはり足を停めてしまって、私が歩きだすまで歩かない。路が折れ曲がって一層険しくなるあたりから益々足を急がせると、踊子はあいかわらず一間うしろを一心に登って来る。山は静かだった。ほかの者たちはずっと後れて話し声も聞こえなくなっていた。

「東京のどこに家があります」

「いいや、学校の寄宿舎にいるんです」

「私も東京は知ってます。お花見時分に踊りに行って——。小さい時でなんにも覚えていません」

それからまた踊子は、

「お父さんありますか」とか、

「甲府へ行ったことありますか」とか、ぽつりぽつりいろんなことを聞いた。下田へ着けば活動を見ることや、死んだ赤坊のことなぞを話した。

山の頂上へ出た。踊子は枯草の中の腰掛けに太鼓を下すと手巾《ハンカチ》で汗を拭いた。そして自分の足の埃を払おうとしたが、ふと私の足もとにしゃがんで袴の裾を払ってくれた。私が急に身を引いたものだから、踊子はこつんと膝を落した。屈んだまま私の身の周りをはたいて廻ってから、掲げていた裾を下して、大きい息をして立っている私に、

「お掛けなさいまし。」と言った。

腰掛けの直ぐ横へ小鳥の群が渡って来た。鳥がとまる枝の枯葉がかさかさ鳴る程静かだった。

「どうしてあんなに早くお歩きになりますの」

踊子は暑そうだった。私が指でべんべんと太鼓を叩くと小鳥が飛び立った。

「ああ水が飲みたい」

「見て来ましょうね」

しかし、踊子は間もなく黄ばんだ雑木の間から空しく帰って来た。

「大島にいる時は何をしているんです」

すると踊子は唐突に女の名前を二つ三つあげて、私に見当のつかない話を始めた。大島ではなくて甲府の話らしかった。尋常二年まで通った小学校の友達のことらしかった。それを思い出すままに話すのだった。

十分程待つと若い三人が頂上に辿りついた。おふくろはそれからまた十分後れて着いた。

下りは私と栄吉とがわざと後れてゆっくり話しながら出発した。二町ばかり歩くと下から踊子が走って来た。

「この下に泉があるんです。大急ぎでいらして下さいって、飲まずに待っていますから」

水と聞いて私は走った。木陰の岩の間から清水が湧いていた。泉のぐるりに女達が立っていた。

「さあお先にお飲みなさいまし。手を入れると濁るし、[59]女の後は汚いだろうと思って」とおふくろが言った。

私は冷たい水を手に掬《すく》って飲んだ。女達は容易にそこを離れなかった。手拭をしぼって汗を落したりした。

その山を下りて下田街道に出ると、炭焼きの煙が幾つも見えた。路傍の材木に腰を下して休んだ。踊子は道にしゃがみながら、桃色の櫛で犬のむく毛を梳《す》いてやっていた。

「歯が折れるじゃないか」とおふくろがたしなめた。

「いいの。下田で新しいのを買うもの」

湯ケ野にいる時から私は、この前髪に挿した櫛を貰って行くつもりだったので、犬の毛を梳くのはいけないと思った。

道の向こう側に沢山ある[60]篠竹《しのだけ》の束を見て、杖に丁度いいなぞと話しながら、私と栄吉とは一足先に立った。踊子が走って追っかけて来た。自分の背より長い太い竹を持っていた。

「どうするんだ」と栄吉が聞くと、ちょっとまごつきながら私に竹を突きつけた。

「杖にあげます。一番太いのを抜いて来た」

「駄目だよ。太いのは盗んだとすぐに分って、見られると悪いじゃないか。返してこい」

踊子は竹束のところまで引き返すと、また走って来た。今度は中指くらいの太さの竹を私にくれた。そして、田の畦《あぜ》に背中を打ちつけるように倒れかかって、苦しそうな息をしながら女達を待っていた。

私と栄吉とは絶えず五六間先を歩いていた。

「それは、抜いて金歯を入れさえすればなんでもないわ」と、踊子の声がふと私の耳にはいったので振り返ってみると、踊子は千代子とならんで歩き、おふくろと百合子とがそれに少し後れていた。私の振り返ったのを気づかないらしく千代子が言った。

「それはそう。そう知《し》らしてあげたらどう」

私の噂らしい。千代子が私の歯並びの悪いことを言ったので、踊子が金歯を持ち出したのだろう。顔の話らしいが、それが苦にもならないし、聞き耳を立てる気にもならない程に、私は親しい気持になっているのだった。暫く低い声が続いてから踊子の言うのが聞こえた。

「いい人ね」

「それはそう、いい人らしい」

「ほんとにいい人ね。いいひとはいいね」

この物言いは単純で[61]明けっ放しな響きを持っていた。感情の傾きをぽいと幼く投げ出して見せた声だった。私自身にも自分をいい人だと素直に感じることが出来た。晴れ晴れと眼を上げて明るい山々を眺めた。瞼《まぶた》の裏が微かに痛んだ。二十歳の私は自分の性質が誇示根性で歪んでいると厳しい反省を重ね、その息苦しい憂鬱に堪え切れないで伊豆の旅に出て来ているのだった。だから、世間尋常の意味で自分がいい人に見えることは、言いようなく有難いのだった。山々の明るいのは下田の海が近づいたからだった。私はさっきの竹の杖を振り廻しながら秋草の頭を切った。

著者紹介

川端 康成（かわばた やすなり）一八九五（明治二八）年、大阪市生まれ。東大国文科卒業。東大卒業後に横光利一らと『文芸時代』を創刊。『伊豆の踊子』などを発表し、新感覚派の代表作家となった。十年に執筆をはじめた『雪国』は「近代日本抒情文学の古典」（伊藤整）と激賞された。その間に「近代生活」「文学界」の同人となる。戦後も創作活動は旺盛で、『山の音』『千羽鶴』『みづうみ』『眠れる美女』などを発表、『末期の眼』はすぐれたエッセイとなっている。日本ペンクラブ会長も務めた。文化勲章受賞。また、一九六八（昭和四十三）年にはノーベル文学賞を受賞し、世界的作家の地位を得た。一九七二（昭和四十七）年四月十六日夜、仕事部屋でガス自殺。

本文は、『伊豆の踊子』〔新潮文庫 一九五〇（昭和二〇)年」による。

注

① 伊豆　旧地名。今の静岡県の伊豆半島の大部分と東京都下の伊豆七島。

② つづら折り　ツヅラフジのつるのように、山道や坂道が幾つにも折れ曲がったようす。

③ 天城峠　伊豆半島のほぼ中央、三島から下田へ至る下田街道の湯ケ島・湯ケ野島両温泉の間にある峠。

④ 高等学校　ここでは「一高」と略称した旧制第一高等学校(現・東京大学教養学部)。

⑤ 紺がすり　紺色の地に白いかすりをつけた模様。

⑥ 袴　和装で、着物の上にはいて腰から足首までをおおう、ひだのあるゆるい和服。

⑦ 修繕寺温泉　田方郡修繕寺町にあり、当時は宿が十軒ほどあった温泉街。

⑧ 湯ケ島温泉　田方郡天城湯ヶ島町にある温泉。

⑨ 朴歯の高下駄　朴の木で作った高い歯を入れた鼻緒の太い下駄。

⑩ 旅芸人　全国を周って稼ぐ芸人。

⑪ 座蒲団を外して、裏返しにそばへ置いた　座蒲団を体温の残ったまま他人に勧めるのは失礼になるため、裏返しにするのが古風な礼儀とされている。

⑫ 袂　和服の袖付けから下に伸びる袋のようなところ。

⑬ 稗史的　昔中国で、稗官(小役人)が世間のうわさや小事件などを歴史風に書いたもの。転じて、歴史小説。史話。

⑭ 長岡温泉　修善寺の北にある温泉。

⑮ 印半纏　背や襟に屋号などを染め抜いた半纏。

⑯ 湯川橋　狩野川と桂川の合流に架かる橋。

⑰ 流し　客を求めてめぐり歩く芸人、芸者。

⑱ 湯ケ野温泉　賀茂郡河津(かわづ)町にあり、当時

は宿数軒の温泉だった。
⑲ 七里　一里は約四キロメートル。
⑳ 旦那様　当時の学生は数も少なく、社会的に尊敬される立場にあったのでこう呼ばれた。
㉑ 娘　伊豆大島の方言で、未婚の女性をいう。
㉒ 町　一町は約百九メートル。
㉓ あんな者　軽蔑を含んだことば。
㉔ 間　一間は六尺、約一・八メートル。
㉕ 柳行李　皮をはいだコリヤナギの若枝で編んだ、衣類などを入れたもの。
㉖ 波浮の港　大島南端の漁港。
㉗ 伊東温泉　伊豆半島の東海岸にある温泉街。
㉘ 河津川　天城山脈から出て、伊豆半島東海岸にある河津町で海に注ぐ川。
㉙ 木賃宿　自炊のできる宿泊料の安い宿。
㉚ 旅は道連れ、世は情け　故郷を離れた旅先では道連れが頼もしいし、世渡りには人情が大切だという。
㉛ 駄目を押す　念を押す。
㉜ 尋常五年　当時の小学校は「尋常・高等」の二つに分かれ、尋常小学校は六年制、高等小学校は二年制だった。
㉝ 甲府　山梨県の県庁所在地。
㉞ 甲斐　旧地名。今の山梨県。
㉟ 共同湯　無料または安い料金で誰でも使用できる温泉の浴場。
㊱ 鴨居　出入り口や部屋と部屋の間の仕切りとして、敷居に対応させて渡す横木。
㊲ 小春日和　初冬の頃の春のように穏やかで暖かい気候。「小春」は陰暦十月の異称。
㊳ 湯殿　浴室、風呂場(やや古風なことば)。
㊴ 手　囲碁、将棋で石を打ったり、こまを動かしたりすること。
㊵ 鳥打帽　もとは、狩などに用いた平たくて、ひさしの付いている帽子。
㊶ お座敷　宴会の席(芸者・芸人の立場から言う

語)。
㊷突っ放す　「つきはなす」の促音便。突いて離れさせる。冷たく見捨てる。
㊸槍が降っても　「火が降っても、槍が降っても」という慣用句の略型。いかなることがあっても、という意味。
㊹四十九日　人の死後、四十九日目に行う法要。
㊺帳場　商店や宿屋などで、帳付けや勘定をする所。
㊻新派　「新派劇」の略。明治中期に、歌舞伎(旧劇)に対抗して興った劇。その時代の世相を素材にする。
㊼後目を立てる　家を相続すること。
㊽鳥屋　ここの「鳥」はにわとりの称。
㊾鳥鍋　鍋でにわとりの肉を煮ながら食べる料理。
㊿水戸黄門　水戸は茨城県中部の市。徳川氏三五石の旧城下町。黄門は中納言のこと。「水戸黄門」は徳川光圀《みつくに》の異称である。
51講談本　御家騒動・敵討・武勇伝・侠客伝などをおもしろく語るものを文字に書きまとめた読み物。
52黒目がち　目の白目の部分にくらべて黒目の部分が大きいようす。
53手をつく　手を床にあてて、からだのささえにする。
54活動　「活動写真」の略。映画。
55相模　旧地名。今の神奈川県の大部分。
56胸突き上り　山道や坂道などで、胸先からすぐ上っていくような、傾斜が非常に急な所。
57木下道　木の生い茂った下の道。木陰の道。
58とっとっと　「疾く疾くと」の転。いそいで。
59女の後は汚いだろう　当時の男尊女卑の風潮の表れである。
60篠竹　幹が細く、群がって生える竹。
61明けっ放し　心に包隠しがない。

課題

一、作品の中の「私」が、踊子との心のかかわりが、「愛情」ではなく「恋心」であるゆえんも、いわばその生活不在の感情にあり、「別れ」と「再会」という形式だけが、發剌とした現実を形作る。その具体的な語りを挙げよう。

二、生活からの脱落の苦痛に堪え、徒労に耐えて生きるアモラルな世界に、川端文学の主人公達に許された美しい生存の場を設定し、考えてみよう。

三、この作品は、二十歳の「私」は自分の性質が孤児根性で歪んでいると厳しい反省を重ね、伊豆の旅に出る。旅芸人の踊子達と一高生という階級格差を超えた生身の人間同士の交流を通して、青年が人の温かさを肌で感じ、作品内にどのようにして、孤児根性から抜け出せる心情を読者に伝えるのか、話してみよう。

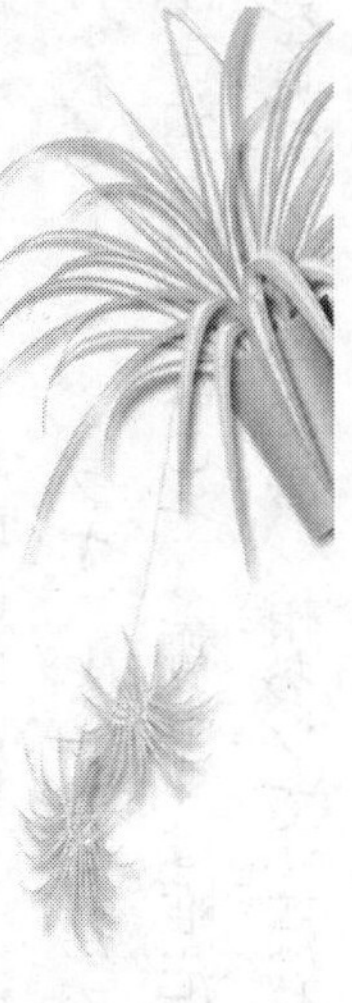

浮雲

二葉亭四迷

一

枕もとで喚覺《よびさ》ます下女《げぢょ》の聲に①見果てぬ夢を驚かされて、文三《ぶんざう》が狼狽《うろたへ》た顏を振揚げて向ふを見れば、②はや障子には朝日影が斜めに射してゐる。「③ヤレ寐過ごしたか……」と思ふ間もなく引續いてムクムクと浮《うか》み上《あが》ツ《っ》た《た》「免職」の二字で狹《せま》い④胸がまづ塞がる……⑤芣苢《おんばこ》を振掛けられた死蟇《しにがひる》の身で、躍上り、衣服を更《あらた》めて、夜の物を⑥揚げあへず、楊枝を口へ⑦頰張り故手《ふるて》拭《ぬぐひ》を⑧前帯に挿んで、周章《あわて》て二階を降りる。其足音を聞きつけてか奥《おく》の間《ま》で「文さん疾《はや》く爲《し》ないと遅くなるヨ。」トいふお政《まさ》の聲に⑨圭角《かど》はないが、文三の胸にはぎつくり應《こた》へて返答にも⑩迷惑《まごつ》く。そこで頰張ツてゐた楊枝を是れ幸ひと、我にも解らぬ出鱈目《でたらめ》を⑪句籠《くこもり》勝《がち》に言ツてまづ⑫一寸遁《いっすんのが》れ、匆々《そこそこ》に顏を洗ツて朝飯《あさはん》の⑬膳《ぜん》に向ツたが、胸のみ塞がツて箸の歩みも止まりがち、三膳の飯を二膳で濟まして、何時もならグツと突出す膳もソツと片寄せるほどの心遣ひ、身體まで俄《にわか》に小ひさくなつたやうに思はれる。

文三が食事を濟まして縁側を廻はり窃《ひそ》かに奥の間を覗いて見れば、お政ばかりでお勢《せい》の姿は見えぬ。お勢は近屬《ちかごろ》早朝より⑭駿河臺邉《するがだいへん》へ英語の稽古に參るやうになツたことゆゑ、偖《さて》は今日も最《も》う出かけたのかと恐《おそ》る恐る⑮座舗《ざしき》へ入ツて來る。その文三の顏を見て今まで火鉢の琢磨《すりみが》きをしてゐたお政が俄かに⑯光澤布巾《つやぶきん》の手を止《とゞ》めて不思議さうな顏をしたも其筈、此時の文三の顏色《がんしょく》が⑰ツイ⑱一通《ひととお》りの顏色でない、蒼ざめてゐて力なさゝうで、悲しさうで恨めしさうで恥ずかしさうで、⑲イヤハヤ何とも言様《いひやう》がない。

「文《ぶん》さん⑳どうかお爲《し》か、大變顔色《かほいろ》が㉑わりいヨ。」

「イエ如何《どう》も爲《し》ませぬが……」

「其れぢやア疾《はや》くお爲《し》ヨ。ソレ御覧な、モウ八時に㉒ならアネ」

「エーまだお話し……申しませんでしたが……實は。ス、さくじつ……め……め……」

息氣《いき》はつまる、冷汗は流れる、顔は赧《あか》くなる、如何にしても言切れぬ。暫らく無言でゐて、更らに㉓出直ほして

「ム、めん職になりました。」

ト㉔一思《ひとおも》ひに言放《はな》ッて、ハッと㉕差俯向《さしうつむ》いて仕舞ふ。聞くと㉖等しくお政は手に持ッてゐた光澤布巾《つやぶきん》を㉗宙に釣るして、「ヲヤ」と一聲《いっせい》叫んで㉘身を反《そ》らした儘《まま》㉙一句も出《い》でばこそ、暫らくは唯茫然《ぼうぜん》として文三の貌《かほ》を見守《みつ》めてゐたが、稍《やゝ》あッて忙《せ》はしく布巾を㉚擲却《はふ》り出して小膝《こひざ》を進ませ、

「エ御免にお成りだとエ……ヲヤマ、どうしてマア。」

「ど、ど、如何《どう》してだか……私《わたくし》にも解かりませんが……大方……ひ、㉛人減《ひとべ》らしで……」

「ヲヤヲヤ仕様がないネー、マア御免になつてサ。ほんとに仕様がないネー。」

ト㉜落膽《らくたん》した容子《ようす》。須臾《しばらく》あッて

「マアそれはさうと、是れからは如何して往く積《つもり》だエ。」

「どうも仕様が有りませんから、母親《おふくろ》には最《も》う些《すこ》し國に居て貰ッて、私《わたくし》はまた官員の㉝口でも探さうかと思ひます。」

「官員の口てッたッて㉞チョックラ、チョイと有りやアよし、無からうもんならまた㉟何時《いつ》かのような憂《つら》い思ひをしなくツちやアならないやアネ……だから私《あたし》が言はない事ちやアないんだ、些《ちつ》イと課長さんの所《とこ》へも御機嫌伺ひに㊱お出《い》でお出でと口の酸ぱくなるほど言

ツても㊲強情張《がうじやうば》ツてお出でゞなかツたもんだから、其れで此様《こん》な事になつたんだヨ。」

「まさか然《さ》ういふ譯けでもありますまいが……」

「イヽエ必《きつ》とさうに違ひないヨ。デなくツて㊳成程《なんぼ》人減《しとへ》らしだツて罪も咎《とが》もない者をさう無暗《むやみ》に御免になさる筈がないやアネ……それとも何歟《か》御免になつても仕様がないやうなわりい事をした覺えがお有りか。」

「イエ何《な》にも悪い事をした覺えは有りませんが……」

「ソレ御覧なネ。」

兩人とも暫らく無言。

「アノ本田さんは(此男の事は第六回《かい》に委曲《くわ》しく)どうだツたエ。」

「彼《か》の男はよう㊴御座んした。」

「ヲヤ善かツたかい、さうかい、運の善方《いゝかた》は何方《どつち》へ廻ツても善《い》んだネー。其れといふが全躰《ぜんたい》あの方は㊵如才《じよさい》がなツて㊶發明《はつめい》で、㊷ハキハキしておいでなさるからだヨ。それに聞けば課長さんの所《とこ》へも㊸常不断《じやうふだん》御機嫌伺ひにお出でなさるといふ事《こつ》たから、必《きつ》と其れで此度《こんど》も善かツたのに違ひないヨ。だからお前さんも私《わたし》の言事《いふこと》を聽きいて課長さんに㊹取り入ツて置きやア今度も矢張《やつぱり》善かツたのかもしれないけれども、人の言事をお聽きでなかツたもんだから其れで此様《こん》な事になつちまツたんだ。」

「それはさうかも知れませんが、しかし幾程《いくら》免職になるのが恐《こは》いと言ツて私《わたくし》にはそんな鄙劣《ひれつ》な事は……」

「出來ないとお言ひのか……フン㊺瘦我慢《やせがまん》をお言ひでない、そんな㊻了簡方《れうけんかた》だから課長さんにも睨《ねめ》られたんだ。マアヨーク考えて御覧、本田さんのやうな彼様《あん》な方でさへ御免になつてはならないと思《おもひ》なさるもんだから、㊼手間暇《てまひま》かいで課長さんに取り入らうとなさるんぢやアないか、ましてお前さん㊽なんざアさう言ツちやアなんだけれども、本田さんから見りやア……なんだから、尚更の事だ。それもネー是れがお前さん一人の事なら㊾風見《かざみ》の烏《からす》みたやうに高くばツかり止まツて、㊿食ふや食はずにゐようと居まいとそりやア最《も》う如何《どう》なりと御勝手次第さ、けれどもお前さんには母親《おつか》さんといふものが有るぢやアないかエ。」

母親と聞いて文三の[51]萎《しを》れ返るを見てお政は好《よ》い責道具を視付《みつ》けたといふ顔付、[52]長羅宇《ながらう》の烟管《きせる》で席《たゝみ》を叩くをキツカケに、

「イエサ母親《おつか》さんがお可愛さうぢやアないかエ。マア篤《とつく》り胸に手を宛てゝ考えて御覧。母親さんだッて父《おと》親《つ》さんには早くお別れなさるし、今ぢや[53]便りにするなアお前さんばつかりだから、如何《どん》なにか心細いか知れない。なにも彼《あゝ》してお國で一人暮らしの不自由な思ひをしてお出でなさり度《たく》もあるまいけれども、それも是れも皆《みんな》お前さんの立身するばツかりを樂《たのしみ》にして辛抱してお出でなさるんだヨ。そこを些《すこ》しでも[54]汲分けてお出でなら、假令《たと》へどんな辛いと思ふ事が有ツても厭だと思ふ事があツても我慢をしてサ、[55]石に噛付《かじりつ》いても出世をしなくツちやアならないと心懸なければならない所《とこ》だ。それをお前さんのやうに、[56]ヤ人の機嫌を取るのは厭だの、ヤそんな鄙劣《しれつ》な事は出來ないのと其《そ》様《ん》な我儘氣隨《わがまゝきまゝ》を言ツて母親《おつか》さんまで路頭に迷わしちやア、今日《こんにち》[57]冥利《みやうり》がわりいぢやないか。それやアモウお前さんは自分の勝手で苦勞するんだから關《かま》ふまいけれども、其ぢやア母親さんがお可愛さうぢやアないかい。」

ト[58]層《かさ》にかゝツて[59]極付《きめつけ》れど、文三は差俯向《さしうつむ》いたままで返答をしない。

「アヽアヽ母親《おつか》さんも彼様《あんな》に今年の暮れを樂しみにしてお出でなさる所《とこ》だから、今度《こんだ》御免にお成りだとお聞きなすつたら嘸《さぞ》マア落膽《がつかり》なさる事だらうが、年を寄《と》ツて御苦勞なさるのを見ると眞個《ほんと》にお痛《いたは》しいやうだ。」

「實に母親《おふくろ》には面目が御座んせん。」

「當然《あたりまへ》サ。廿三にも成ツて母親《おつか》さん一人さへ樂に養《すご》す事が出來ないんだものヲ。フヽン面目が無くツてサ。」

ト、ツンと濟まして[60]空嘯《そらうそぶ》き、烟草《たばこ》を環《わ》に吹いてゐる。其のお政の半面《よこがほ》を文三は畏《こは》らしい顔をしてきつと

睨《ねめ》付け、何事をか言はんとしたが……[61]氣を取直して莞爾《にっこり》微笑した積《つもり》でも顔へ顯《あら》はれた所は苦笑ひ、震聲《ふるひごゑ》とも附かず笑聲とも附かぬ聲で

「へゝゝ面目は御座んせんが、しかし……出……出來た事なら……仕様が有りません。」

「何だとエ。」

トいひながら徐《しづ》かに此方《こなゝ》を振向いたお政の顔を見れば、何時しか額に芋蠋《いもむし》ほどの青筋《あおすじ》を張らせ、[62]肝癪《かんしゃく》の眥《まなじり》を釣上げて唇をヒン曲げてゐる。

「イエサ何とお言ひだ。出來た事なら仕様が有りませんと……誰れが[63]出來《でか》した事《こつ》たエ、誰れが御免になるやうに仕向けたんだエ、皆自分の頑固《かたいぢ》から起ツた事《こつ》ぢやアないか。其れも傍《はた》で氣を附けぬ事か、[64]さんざツぱら人《しと》に世話を焼かして置て、今更御免になりながら面目ないとも思はないで、出來た事なら仕様が有りませんとは何の事《こつ》たエ。それはお前さんあんまりといふもんだ、餘《あんま》り[65]人を踏付けにすると言ふ者《もん》だ。全躰マア人《しと》を何だと思ツてお出《い》でだ、そりやアお前さんの事《こつ》たから鬼老婆《おにばゝあ》とか糞老婆《くそばゝあ》とか言ツて他人にしてお出でかも知れないが、私《わたし》ア何處《どこ》までも叔母の積《つもり》だョ。ナアニ是れが他人で見るがいゝ、お前さんが御免になツたツて成らなくツたツて此方《こつち》にやア痛くも痒《かい》くも何とも無い事《こつ》たから、何で世話を焼くもんですか。けれども血は繋《つなが》らずとも縁あツて叔母となり甥《をひ》となりして見れば、然《さ》うしたもんぢやア有りません。ましてお前さんは十四の春[66]ポツと出《で》の[67]山出《やまだ》しの時から、長の年月《としつき》此私《わたし》が婦人《をんな》の手一ツで頭から足の爪頭《つまさき》までの事を世話アしたから、私はお前さんを御迷惑かは知らないが[68]血を分けた子息《むすこ》同様に思ツてます。あゝやツてお勢や勇《いさみ》といふ子供が有ツても、些《すこ》しも陰陽《かげしなた》なくしてゐる事がお前さんにやア解らないかエ。今までだツても然《さう》だ、何卒《どうぞ》マア文さんも首尾よく立身して早く母親《おつか》さんを此地《こつち》へお呼び申すやうにして上げ度《たい》もんだと思はない事は唯の一日も有ません。そんなに思ツてる所《とこ》だものヲ、お前さんが御免にお成りだと聞いちやア私《あたし》は愉快《いゝこゝろもち》はしないよ、愉快はしないからアヽ困ツ

た事に成ツたと思ツて、ヤレ是からはどうして往《い》く積《つもり》だ、ヤレお前さんの身になつたら嘸《さぞ》母親《おつか》さんに面目があるまいと、[69]人事《しとごと》にしないで歎《なげ》いたり悔《くやん》だりして心配してる所《とこ》だから、[70]全躰なら『叔母さんの了簡に就かなくツてから御免になつて、實《まこと》に面目が有りません』とか何とか詫言の一言《ひとこと》でも言ふ筈の所《とこ》だけれど、それも言はないでもよし聞度《きゝたく》もないが、人《しと》の言事《いふこと》を[71]取上げなくツて御免になりながら、糞落着に落着拂《はら》ツて、出來た事なら仕様が有りませんは何の事《こつ》たエ。マ[72]何處を押せば其様《そん》な音《ね》が出ます……ア、アゝつまらない心配をした、此方《こつち》ではどこまでも實の甥と思ツて心を附けたり世話を燒たりして信切を盡してゐても、先様《さきさま》ぢやア[74]屁とも思召《おぼしめ》さない。」

「イヤ決して然《さ》う言ふ譯ぢやア有りませんが、御存知の通り[75]口不調法《くちぶちょうほう》なので、心には存じながらツイ……」

「イゝエ其様《そん》な言譯は聞きません。何でも私《あたし》を他人にしてお出でに違ひない、糞老婆《くそばゝあ》と思ツてお出でに違ひない……此方《こつち》はそんな[76]不實な心意氣《こころいき》の人《しと》と知らないから、文さんも何時までも彼《あゝ》やツて一人《しとり》でもゐられまいから、來年母親《おつか》さんがお出でなすつたら篤《とつく》り御相談申して、誰と言ツて宛《あて》もないけれども相應なのが有ツたら一人《しとり》授け度《たい》もんだ。それにしても外人《ほかびと》と違ツて文さんがお嫁をお貰ひの事《こつ》たから默ツてもゐられない、何《なん》かしら祝ツて上げなくツちやアなるまいからツて、此頃ぢやア、アノ[77]博多《はかた》の帶をくけ直ほさして、コノ[78]お召縮緬《ちりめん》の[79]小袖《こそで》を仕立《した》て直ほさして、あれをかうして是れを斯《こ》うしてと、毎日毎日勘《かんが》えて[80]ばツかゐたんだ。さうしたら案外で、御免になるもいゝけれども、面目ないとも思はないで、出來た事なら仕様が有りませぬと擠まアしてお出でなさる……ア、ア、最《も》ういふまいいふまい、幾程《いくら》言ツても他人にしてお出《いで》ぢやア無駄だ。」

ト[81]厭味文句《いやみもんく》を並べて始終[82]肝癪の思入《おもひいれ》。暫らく有ツて

「それもさうだが、全躰其位なら昨夕《ゆうべ》の中に實は是れ是れで御免になりましたと一言《しとこと》位言ツたツてよささうなもんだ。お話しでないもんだから此方《こっち》は其樣《そん》な事とは夢にも知らず、お辨當《べんとう》のお菜《かず》も毎日おんなじ物《もん》ばツかりでもお倦《あ》きだらう、ア丶して[83]勉強してお勤めにお出の事《こつ》たから其位な事は此方《こっち》で氣を附てあげなくツちやアならないと思ツて、今日のお辨當のお菜は玉子燒にして上げようと思ツても[84]鍋《なべ》には出來ず、[85]余儀所《よんどころ》ないから私《わたし》が面倒な思ひをして拵《こしら》えて附けましたアネ……ア丶ア丶偶《たま》に人《しと》が[86]氣を利かせれば此樣《こん》な事《こ》ツた……しかし飛んだ餘計なお世話でしたヨネー、誰れも頼みもしないのに……鍋。」

「ハイ。」

「文さんのお辨當は打開《ぶちあ》けてお仕舞ひ。」

お鍋女郎《じょらう》は襖《ふすま》の彼方《あなた》から横巾《よこはば》の廣い顔を差出《さしいだ》して、

「へー」と[87]モツケな顔付。

「アノネ、内の文さんは昨日御免にお成りだツサ。」

「へーそれは。」

「どうしても[89]働のある人は、フ丶ン違ツたもんだョ。」

著者紹介

二葉亭 四迷（ふたばてい しめい） 一八六四（元治元）年、東京生まれ。小説家・翻訳家。本名は長谷川辰之助。外国語ではロシア語を学び、坪内逍遥に刺激を受けて作家を志した。一八八六（明治十九）年に『小説総編』を発表。リアリズムの実質を示し、翌年から一八八九（明治二二）年にかけてその実践としての『浮雲』を発表。日本近代リアリズム文学の創始者となった。ついでツルゲーネフの作品を『浮雲』と同じ言文一致で訳し、好評を受けたが、近代文学の先駆者として、文学史上高く評価されている。

本文の出典は、『定本限定版 現代日本文學全集一 坪内逍遥 二葉亭四迷 集』[筑摩書房 一九六七(昭和四二)年 PP.一六五～一六八]「浮雲 第一編 第五回胸《かいむな》算《さん》違ひから見一《けんいち》無《む》法《はふ》は難題」による。

注

①見果てぬ 最後までは見えない。また、十分な満足感がついに与えられないもののたとえ。

②はや 早くも。もう。

③ヤレ ふと気づいたり、当惑したり、急に喜んだりなどしたときに発する語。

④胸がふさがる 憂鬱になる。暗然とした気持ちになる。

⑤芣苢を振り掛けられた死蟇 「おんばこ」は「オオバコ」の訛で、野原・道端などに野生するオオバコ科の多年生草木。俗諺(子供の遊戯)で、死蛙をおんばこの葉でおおい、穂で打てば生きかえるという。

⑥揚げあへず 「揚げる」は下に敷いてある物をその位置からのける。「あへず」は「完全には……しきれない(で)」の意。

⑦頬ばる 口の中一杯に(たべものを)ふくむ。

⑧前帯 前で結んだ帯。抱え帯。

⑨圭角 他人とのつきあいが円滑にゆかないような点、性質。

⑩迷惑く どうしたらいいか分からず、迷うようす。まごまごするようす。

⑪句籠勝 はっきりと聞こえない含み声でものを言う。くちごもる。

⑫一寸遁れ その場をとりつくろって責任を免れること。

⑬膳 ご飯や汁物など、椀に盛った物を数える語。また、食器や食物をのせる台。

⑭駿河台　地名。現在の東京千代田区東北部の一地区。
⑮座舗　畳を敷き詰めた部屋。日本間。
⑯光沢布巾　木製の器具などをふいて、光沢を出すために使うふきん。
⑰ツイ　ちょっと。
⑱一通り　普通なみ。
⑲イヤハヤ　驚いたとき、あきれたときなどにいうことば。いやもう。
⑳どうかおしか　どうかしたか。「お」は尊敬を表す接頭語。「し」は「する」。後の「おありか」「おしョ」「お言い」もこれと同じ用法。
㉑わりい　「り」は「る」も「イ」音便。後の「しとり」は「ひとり」、「しとごと」は「ひとごと」の意。
㉒ならアネ　なったじゃない。
㉓出直す　振り出しにもどってやり直す。
㉔一思ひ　一度思い立ったことを変更しないで一気に実行に移すこと。
㉕差俯向く　「うつむく」の強調表現。頭をたれる。下を向く。
㉖等しく　同時に。
㉗宙　地面を離れた所、空中。
㉘身を反らす　身体が弓なりに後へ曲がる。
㉙一句も出でばこそ　一句も言えない。「……ばこそ」は動詞の未然形に接続し、「全く……しない」の意を表す。
㉚擲却り出す　放り出す。
㉛人減らし　人員を減らすこと。
㉜落膽する　がっかりして気力をなくすこと。気が沈むこと。
㉝口　職。
㉞チョックラ、チョイと　俗語的表現。「さょっと」「少し」の意。
㉟何時か　いつか。
㊱お出で　「おいでになる」の意。「行く」「来

る」などの尊敬語。

㊲強情張る　意地をはって自分の考えや行動をしぶとくどこまでも押し通そうとすること。

㊳成程　いくら。

㊴御座んした　ようございました。

㊵如才がない　手抜かりがなかったり、愛想がよかったり、気がきいていたりするようす。

㊶發明　古風な言い方でかしこいこと、利発なこと。

㊷ハキハキする　動作、態度やものの言い方が活発ではっきりしているようす。

㊸常不断　常に絶えないこと。いつも。

㊹取り入る　目上の人や力のある人などにへつらって気にいられようとする。

㊺やせ我慢　無理にがまんをして、まるで平気なように見せること。

㊻了簡方　考え方。思案法。

㊼手間暇かいで　労力と時間をかけて。

㊽なんざ　など。なんぞ。

㊾風見　船の上や屋根の上など高い所にとりつけて風の吹く方向を知る、矢や鳥の形をしたもの。風向計。

㊿食うや食わず　食べることすら満足にできないようす。

51萎れ返る　元気を無くして、悲しそうに見えるようす。

52長羅宇　きせもの、竹の管の部分が長いもの。「羅宇」はきせもの、火ざらと吸口の金具とをつなぐ竹のくだ。

53便りにするなア　頼りにするのは。

54汲分ける　人の気持ちなどをくみとる。思いやる。

55石に噛付いても　どんなに苦しくてもがまんして。

56ヤ　人の言うことばを引用するときに使う語。

57冥利　善行の報いとして受ける幸福。

㊽ 嵩にかかる　優勢に乗じてせめかかる。

㊾ 極めつける　相手の弁解や言い分をきかず、きびしく叱る。

㊿ 空嘯く　「天を仰いでうそぶく」の意から相手をばかにした態度をとる。

(61) 氣を取直す　思い直して気持ちを引き立てる。

(62) 肝癪　感情をおさえ切れず、すぐに怒りを表わすこと。

(63) でかす　できるようにする・つくりあげる。こしらえる。

(64) さんざッぱら　さんざん。

(65) 人を踏みつけにする　人の面目・心情、態度をまったく無視したやり方をする。

(66) ポッと出　初めていなかから都会へ出て来たこと（人）。

(67) 山出し　いなかから都会へ出て来たばかりで、まだ都会生活になじまない者。

(68) 血を分ける　実の親子・兄弟など血縁関係の間柄である。

(69) 人事　他人に関すること。自分には関係のないこと。

(70) 全躰　ここでは「もともとは」「本来なら」の意。

(71) 取上げる　特に取り立てて問題とする。問題として扱う。

(72) 何處を押せばそんな音が出ます　「どうしてそんなばかなことを言ったか」の意。

(73) 先樣　先方の人に対する敬称。ここでは諷刺の意を含む。

(74) 屁とも思し召さない　屁ともおもわない。「思し召す」は「思う」の尊敬語。ここでは諷刺の意を含む。

(75) 口不調法　口で言い表すのがへたなこと。

(76) 不實　誠意や情愛に欠けていること。

(77) 博多の帯　博多織の帯。博多は福岡市の商業中心地。

⑺8 お召縮緬　ねり糸で織り、表面に「しぼ」をよせた和服用の絹織物。

⑺9 小袖　広口袖の着物に対して袖口を小さく仕立てた着物。

⑻0 ばツか　ばかり。

⑻1 厭味文句　相手に不愉快な気持ちを起こさせることば。

⑻2 肝癪の思い入れ　相手構わず怒りをぶちまける様子や表情。「思い入れ」は心の動きを表すしぐさや表情。

⑻3 勉強する　精を出してつとめること。

⑻4 鍋　女中。江戸時代の小説の中で、女中の仕事に関係深い「なべ」を女中の名として多く使ったことから。

⑻5 余儀所　「よりどころ」の音便。やむをえない。

⑻6 気を利かせる　気を利かす、相手の意にそうように細かなところまで気を配る。

⑻7 モッケ　意外。

⑻8 働　活動の能力・しかた。

課題

一、二葉亭四迷は、保守的でありながら誠実に生きようとする主人公が職も失い、恋にも敗れ余計者になっていく経路を描くことを通して、明治初期のどのような社会への批判を示したと考えられるか。

二、本作品の文体は日本初の言文一致体をとったものである。二葉亭四迷がロシアの小説から学んだリアリズムの方法として、どのように近代の社会と人間を写実的に描きだしているのか考えてみよう。

三、同時代の作家である坪内逍遥の『小説神髄』と『当世書生気質』を調べ、それらの作品の特徴と比較して、相違点を考えてみよう。

表現

◆「書き言葉」とはどのようなものであるべきかを理解し、言いたいことを自分の考えた言葉を用いて文章を書いてみよう。

◆文章の内容を支える書き方にも注目し、評価の視点をもって、筆者の論理の展開をとらえながら吟味してみよう。

◆起・承・転・結の四段型を基本として、多様な文章の構成法を工夫してみよう。

書く

◆こうすれば君も文章が上手になる

橋本 治

なんにも言いたいことがないときに文章を書こうなどと思わないことである。そうすればおのずと、「どうすればこれをもっとわかりやすく的確に、そして自分自身に忠実でありながら恩着せがましくないような文章にすることができるだろうか？」と考えることが可能になって、努力の余地も出てくる。

「ようし、いいとこみせよう。」なんてことを考えてはいけない。それはプロのすることである。たとえあなたが、文章を書くことによって金を得ていても、それだけであなたが文章のプロだということにはならない。

次に、「今の自分にはそんなにうまく言えるだけの能力はまだないのだ。」と思うことである。不必要なコンプレックスを見つめ続けると、いびつなまんま型にはまってしまうだけである。謙虚はときとして、適切という名の簡素なる美をもたらす。気どっている人間ほど、文章の型とかコツとかいうものの幻影を見てしまうものである。

「文章を書く、書けることがカッコいいことだ。」などという考えを捨てるのが、ましな文章を書けるようになる道であると心得ることである。

ついでに。

知らない字や言葉でも、辞書を引けば書けるだけの自信がなかったら、文章を「実用」の場以外で書くのをやめなさい。結局必要なものは、「教養」という名の専門的な常識なのだ。文章を書きたかったら、それ以前に「教養」を身につけるべきだ。それからでも遅くはないし、それからでなければロクなことにはならない。人間だって、発酵するための時間というのは、必要なものなのである。

著者紹介

橋本　治（はしもと　おさむ）　一九四八年、東京都の生まれ。小説家。東京大学文学部国文学科卒。一九七七年、『桃尻娘』が第二十九回講談社小説現代新人賞佳作となる。以来、小説・評論・戯曲など幅広いジャンルで活躍を続けている。作品に『暗野—BLACK FIELD』『蓮と刀』『絵本徒然草』などがある。

課題

一、文章を上手に書くために、筆者が必要だと述べていることを箇条書きにしてまとめよ。

二、筆者の考えを参考にして、「書く」ことの目的や意味について話し合ってみよう。

表現

◆見立て

織田　正吉

外形の類似性から、あるものをそれとよく似てはいるが全く別のものになぞられることを見立てという。

電車は消しゴム
駅に入ってきて出ていくと
ホームの人は消える

これは、こちら側のホームから眺めた反対側のホームと電車のはたらきを消しゴムに見立てたものである。

ルナールの『博物誌』に

蟻

一匹一匹が、３と言う数字に似ている。
それも、いること、いること！
どれぐらいいるかというと、３、３、３、３、３、３、３、３、ああ、きりがない。

（岸田国士訳）というのがある。与謝野晶子は同じ蟻を見て、

蟻よ、蟻よ、黒い沢山の蟻よ、
お前さん達の行列を見ると、
８、８、８、８、
８、８、８、８、……
幾万と並んだ
８の字の生きた鎖が動く。（以下略）

と歌い、同じ蟻をそれぞれ数字の３と８に見立て入る。見立てと言うのは俳諧用語にもあり、「川岸の洞は蛍の①瓦灯かな」のようにあるものを他のものに譬えて仕立てる表現手法を指す。

布団着て寝たる姿や東山　②嵐雪

雪の朝二の字二の字下駄のあと　③田捨女《でんすてじょ》

よく知られたこの二句はともに見立ての句である。嵐雪は京都東山の稜線と人が布団を着て寝ている姿の相似、捨女は雪の朝の下駄の跡と白紙に墨で書かれた二という字の共通性を発見している。句がよく知られているのは、それだけ人々がこの見立てに共感を覚えたということであろう。

見立ては、それと似た外観をもっているものと引き比べることによって、そのものの形態的特徴を際立たせるのに役立つ。それは似たものの形が既に人々の記憶のなかにあるから、「長方形の机の端を九十度の角度をもって密着させ、四辺形の三辺を形づくるように並べる」というより「コの字形に並べる」と言うほうが、情報の伝達が容易で、しかも理解しやすいからである。「粗末な建材を利用した小さな家」というより「マッチ箱のような家」というほうが誇張を伴って実感がある。

情報を得るのに、人は忍耐強く我慢を重ねながら正確な解説を聞くより、多少不正確であっても既存の記憶のなかからありあわせの、より具体的な例を取り出し、「これと似たもの」として示してもらうほうを喜ぶ。

この原理を説得に応用するのがたとえ話である。④リンカーンは人を説得する場合、この方法のもつ有効性をよく心得ていた、例えば、最大の政敵であった民主党の実力者、⑤スティーヴン・ダグラスを攻撃して、リンカーンはこう言った。

子供のごろ、私は長い間サンガモン河畔で過ごした。河には古い蒸気船が上り下りしていたが、汽缶が小さくて、汽笛を鳴らすと外輪を回すだけの蒸気が残らない。外輪を回すと汽笛を鳴らすことができなかった。わが友ダグラスはこの蒸気船を思い出させる。彼はものを言うとき考えることできず、考えるときには物が言えない。

著者紹介

織田正吉（おだ　しょうきち）　一九三一年兵庫県神戸市の生まれ。放送作家・文筆家。主な著作に『笑いとユーモア』『じゅんらんたる暗号—百人一首の謎をとく』『日本のユーモア』などがある。

注

① 瓦灯　方形で、上が狭く、下が広い、灯火をともすための陶製の用具。

② 嵐雪　一六五四〜一七〇七。江戸時代前期の俳人。松尾芭蕉の門下。

③ 田捨女　一六四三〜一六九八。江戸時代前期の女性の俳人。

④ リンカーン　一八〇九〜一八六五。アメリカの政治家で、一八六一年、第十六代大統領に就任。

⑤ スティーヴン・ダグラス　一八一三〜一八六一。一八六〇年の大統領選でリンカーンと対立し敗れるが、後にリンカーン支持に回った。

課題

一、筆者は、「見立て」とはどういうもので、どのような表現効果があるといっているか、まとめよ。

二、本文の「電車」の例にならって、身近なものを何かに見立てて三行で表現してみよう。

三、本文中の「コの字形」や「マッチ箱のような家」のように、慣用的に使われている「見立て」の表現を、身の回りから探してみよう。

四、自分の家族を紹介する文を「見立て」を用いて作成し、互いに発表してみよう。

◆新・雪国

和田 誠

川端康成『雪国』

国境の長いトンネルを抜けると雪国であった。夜の底が白くなった。信号所に汽車が止まった。

向かい側の座席から娘が立ってきて、島村の前のガラス窓を落とした。雪の冷気が流れ込んだ。娘は窓いっぱいに乗り出して、遠くへ叫ぶように、

「駅長さあん、駅長さあん。」

明かりをさげてゆっくり雪を踏んで来た男は襟巻きで鼻の上まで包み、耳に帽子の毛皮を垂れていた。

もうそんな寒さかと島村は外を眺めると、鉄道の官舎らしいバラックが山裾に寒々と散らばっているだけで、雪の色はそこまで行かぬうちに闇に呑まれていた。

「駅長さん、私です、ご機嫌よろしゅうございます。」

「ああ、葉子さんじゃないか。お帰りかい。また寒くなったよ。」

「弟が今度こちらに勤めさせていただいておりますのですってね。お世話さまですわ。」

「こんなところ、今に寂しく参るだろうよ。若いのに可哀想だな。」

「ほんの子供ですから、駅長さんからよく教えてやっていただいて（後略）」

①野坂昭如の文体で

国境の長いトンネルを抜ければまごう方なきそこは雪国。夜の底白くなり、信号所に汽車が止まると向かい側の座席から一人の女立ち上がり、あれよと見守る

うち、島村の前のガラス窓落としたから雪の冷気やが上にも流れ込む。女はと見ると窓いっぱいにそのむちむちした身体のり出し、遠くへ叫ぶように「駅長さあん、駅長さあん。」明かりを下げてのっそり雪を踏んで来た男、襟巻きで鼻の上まで包み、耳には帽子の毛皮垂れている。さほどに思わなかったのだがその姿眺めればもうそんな寒さかと島村あらためて外を見ると、鉄道の官舎らしいバラック山裾にさむざむと散らばりそこまでいかぬうち、雪の色、闇に呑まれていた。

「駅長さん、わてや、ご機嫌よろしゅう。」女が言い、駅長と呼ばれた男「なんや葉子はんやないか、お帰り、また寒ぶなったで。」「弟がえらいお世話になっているそうで。」

和服に外套の駅長、毛皮の一つにしみこむ寒い立ち話切りあげたいと見え、もう後ろ姿となり「ほんだらお大事に。」「弟をようみたってな。」その声悲しいほど美しく、高い響きのまま夜の雪から木魂して来るようで、女を窓にのり出させたまま汽車はまた動き出す。

②星新一の文体で

国境の長いトンネル。そこを抜けると雪国の筈だった。信号所に汽車が止まる。どこからともなく一人の娘が立って来て、エヌ氏の前の窓を開けた。なまぬるい空気が流れ込んだ。娘が窓からからだを乗りだして叫ぶ。

「駅長さーん、駅長さーん。」

明かりをさげてやってきた男は、おどろいたことに顔も手足も緑色だった。そして緑色の唇から声が出た。

「ジフ惑星へようこそ。」

エヌ氏は怪訝な顔で言った。

「わけがわからん。私は上野から汽車に乗った。それなのにここは地球ではないのか。」

緑色の宇宙人は説明をした。

「あのトンネルが宇宙空間のひずみにはいりこんでしまったらしいのです。しかしご安心ください。ここは友好的な惑星です。地球のみなさんを歓迎します。」

エヌ氏ははじめ、乗客たちはほっとした。

「ところで地球には帰れるのでしょうか。」

「もちろん帰れます。あのトンネルを逆に戻ればいいのです。しかし、今度は時間にもひずみができます。みなさんがお帰りになるのは三千年後で、私たちの計算では地球から人類は消滅しているでしょう。」

③椎名誠の文体で

「雪国へ行こうじゃないの。」

と、その年の秋、小説家のＹ・シマムラは缶ビールを飲み干してから、ユキ目をしばたたきながらカン高い声をだした。

こやつは雪国のことなら左手の人差し指まで覚えているというくらい、強力粘着アラビアのり的必殺記憶男なのである。

ぼくもきっ！と空をみつめて躊躇なく「行きます行きます。」と言ったのであった。

えーとそれで、雪国なら温泉だけんね、ひと風呂浴びて地酒をぐびり、そこへ美人の芸者が……などと逆上気味につぶやきつつ、新潟行きの特急に乗ったのである。国境の長いトンネルを抜けるとすぐ雪国だった。

向かい側の座席から、Vサインイエイのウッソーホントー娘が立ち上がり、窓を開けた。雪の冷気がするどく流れこんだ。ぼくはこの間までタヒチ、ニューギニアを旅して熱帯性低気圧男と化してしたので、冬にはまだ慣れていない。

「寒いぞ、ケッ。」

とイラダチながら外を見ると、明かりをさげた男がきしきしと雪を踏みしめてやってくるところだった。鼻の上まで包んだ襟巻きと毛皮の帽子が奇妙にマッチしていた。

④吉本ばななの文体で

国境の長いトンネルを汽車が抜けた。

びっくりした。

そこはもう雪国だった。

汽車がとまった。信号所だ。

つんと澄んだ夜の底が白い。凍えそうに冷えこんできた。

私は中学のころ、新潟の湯沢に住んでいたことがある。今になってもう一度言ってみたいと思ったのは、恋人が死んだからだ。窓外の雪と闇はこんなにも暗い。

私はガラズ窓を落とした。雪の冷気が流れこんだ。

「駅長さあん。」

と私は呼んだ。急にここの駅長さんを思い出したのだ。

駅長さんは明りをさげて、雪を踏んでやってきた。

「葉子さんじゃないか。」

表現

彼は私の顔を見て言った。

彼の襟巻きと毛皮の帽子は私の日常とはかけ離れていたが、これが雪国というものなんだわ、と私は感じていた。

著者紹介

和田　誠（わだ まこと）一九三六年大阪府の生まれ。イラストレーター。本業のほかにも作曲・音楽プロデュース・シナリオ・落語の台本・映画監督などをこなし才人である。ほかに、著書としてはエッセイ集『お楽しみはこれからだ』などがある。

注

① 野坂昭如　一九三〇年、神奈川県鎌倉市の生ま

れ。小説家・作詞家。『エロ事師たち』『アメリカひじき』『火垂るの墓』などがある。

② 星新一　一九二六年東京都生まれ。小説家。代表作に『気まぐれ指数』『ボッコちゃん』『人民は弱し官吏は強し』『祖父・小金良精の記』などがある。

③ 椎名誠　一九四四年、東京都生まれ。小説家・随筆の執筆のほかにも、映画制作・写真・冒険・格闘技研究と活動範囲は広い。代表作に『気分はだぼだぼソース』『哀愁の町に霧が降るのだ』『ジョン万作の逃亡』などがある。

④ 吉本ばなな　一九六四年、東京生まれ。作品に、『キッチン』『TUGUMI』『哀しい予感』『白河夜船』『パイナップリン』などがある。

課題

一、野坂昭如、星新一、椎名誠、吉本ばななの作品を持ち寄り、筆者がそれぞれの文体のどのような特徴をまねているか、話し合ってみよう。

二、夏目漱石の『吾輩は猫である』『坊っちゃん』などをもとにし、好きな作家の文体をまねて文章を書いてみよう。

『吾輩は猫である』の冒頭の部分

吾輩は猫である。名前はまだ無い。

どこで生まれたかとんと見当がつかぬ。何でも薄暗いじめじめした所でニャーニャーないていた事だけは記憶している。吾輩はここで始めて人間というものを見た。しかもあとで聞くとそれは書生という人間中で一番獰悪な種族であったそうだ。この書生というのは時々我々を捕えて煮て食うという話である。しかしその当時は何という考えもなかったから別段恐ろしいとも思わなかった。ただ彼の掌に載せられてスーと持ち上げられた時何だかと思った感じが今でも残っている（以下、省略）。

文章について

芳賀 綏

文章を書くことは苦しい。しかしまた楽しい。書きたいテーマは脳中にあって早く文字化されることを待っている。頭の働きの調子のよいときには、目白押しで待っているといってもそれほど言いすぎではない状態になる。

しかし、ひるがえって思うに、文章を書くことはおそろしい。書くなどということは、おそるべく、つつしむべきことである。

人は、自分の持っているものを文章化する。それによって他人を益することもあれば、世に刺激を与え、問題を投ずることもできよう。けれども、人が「持っている」ものはたかが知れている。「持っていない」もののほうがはるかに多いのだ。

知識、思想、表現力、人格的感化力―どれをとってみても、各人の持っているものは知れている。他人を益するだの、問題を投ずるだのと、楽天的にかまえてばかりはいられない。書くことは、おのれの足らざるところを人に示す行為である。隠すより現る。内にあふれるものが行間に読み取れることもある代わりに、内に何か欠けているかが見えすいて、読者の気持ちを寒々とさせることもある。人は、あまりにしばしば、書いて自己の貧困を世にさらす。

足らざるを露呈するだけではない。思いの内容を過不足なく言葉に表すこと、これがまた容易ではない。事実関係の再構成に手間どる、どこかにすき間が残る。それを文字化する、またすき間がある。言葉足らざるもどかしさは、いつまでも尾を引いて心が平らかでない。

けれども、また思うに、これは、表現すること、さらに人が生きることの背負っている宿命というものかもしれない。人間は、自分の考えを他者に伝えたくて、言語という記号（シンボル）を創りだした。言語は記号であって、考えそのものではない。選び出された言葉の列が、考えを映しているにすぎない。ちょうど、実際の風景と、カメラで写した風景とに違いがあるように、実際の考えと、言語によるその表現との間には、常に微妙なずれがある。

賢者は黙して語らない。書くことも話すこともせず、ひたすら沈黙を守って世間の尊敬を受けている。壁に向かって九年間も沈黙をつづけた①達磨《だるま》大師《だいし》の面壁九年は、さしずめ、その好例といっていい。黙っていれば、恥をかかずにすむ。

そうは思っても、そういう考えをここにこうして書いて、新しい恥の種をまくのが、人間の、特に凡夫の業というものなのだ。人間の業は、言葉を持って自分を表現しないではいられないというところにある。それが社会的生物としての人間の本能なのだ。

とするならば、ためらいやおそれはほどほどに抑えざるを得ない。そして、甘えは捨てなければならない。自分を表現し、相手に理解してもらうために、努力し続けようではないか。たしかに、言葉には記号というものの持つ不自由さがある。けれども、自分の気持ちを正しく相手に伝えるためには、言葉という手段しかないという事実を、もう一度認識し直さなければならない。

これが文章を書くという行為の出発点だと私は考えている。その上に立って文章を実際に書いていくとき、私が心掛けていることが二つある。

まず第一に、自分の持っている考えを、少しでも的確に表現しようということだ。そのためには、まず自分自身の考えをつきつめていくことが大切だ。自分でさえ「うまく言えないんだけれど」ということを、他人がどうして理解してくれるものか。

自分の考えたことを言葉という記号に移しかえたとき、まとまっていなかった思考が、はじめてはっきりとした形をとる。言語は記号だから、思考そのものとの間にはずれがあるかもしれない。だからこそより的確に言葉を選ばなくてはならない。少しでも自分の心にぴったりくる言葉を選ぼうとするのは、ものを書く者の責任だ。そのための格闘こそ、表現作業の中心である。心と言葉との距離を、こうして無限に小さくしていくよう心掛けたい。

第二に、他者に伝えるために表現しているという意識を忘れないことだ。とかく、自己を表現することに熱中してしまうと、相手の存在を見忘れがちになる。けれども、表現というものは、それが相手に伝わってはじめて完結するものだ。「どんな人たちに」「何を」伝えたいのかということを意識することは、ものを書く場合、不可欠の条件だ。

これは、日常生活の中で「相手を意識した」話し方をしていないと、うまくできるものではない。ところが、若い人たちは書くことと同様、こういう話し方が苦手なようだ。

それが難解でひとりよがりな表現とつながり、飛躍ばかりでとりとめもない表現とつながる。これでは、当人は自分を表現しているつもりでも、独り言を言っているのと変わりはない。

「言語不信」などと言う人に限って、ありきたりの没個性的な表現によりかかって、こと足れりとする傾向がある。それでいて、他人に理解されないとこぼしているのは、甘えというものだ。②「弘法《こうぼう》筆を選ばず。」というが、実際には、弘法大師は書体によって筆を選んだという。表現も同じことで、相手によって選ぶ言葉も違ってくる。そのためには、ふだんからさまざまな文章を読み味わって、言葉に関する感覚を養っておかなくてはならない。

さて、これまで述べてきた心掛けに基づいて、いよいよペンをとるとなると、具体的には、どんな点に注意して文章を書いていったらいいだろう。

「文章は③レイアウトである。」――これが、私の文章観だ。

文章をレイアウトする目的は、テーマ（主題）をはっきりと浮かび上がらせることにある。そして、言いたいことどもの比重や相互の関係を視覚化することにある。この文章によって、何を人に伝えたいのか、どんなことを訴えたいのかということから、目をそらせてはいけない。テーマが分裂していたり、テーマ以外の要素が入ってきたりすると、レイアウトをすっきりとしあげることができない。

レイアウトには、スペースの感覚が大切だ。文章のレイアウトの場合、このスペースは原稿用紙の枚数にあたる。それが五枚であるか、十枚であるか、スペースの大きさによって、レイアウトの方向も定まる。たとえ、枚数が自由である場合でも、自分で内容に応じたスペースを設定しておく必要がある。無限大の紙にレイアウトはできないのだから。

スペース（枚数）がはっきりしたら、それを視覚的にとらえることをすすめたい。一枚の紙の大きさを、これからレイアウトすべきスペースと考える。そして、その紙を縦の線で区切っていこう。こうして、スペースのわりふりを考えていくのだ。

読み手の注意をうながし、興味を呼びさます提示の部分、それを受けて、テーマを浮きぼりにしていく展開の部分、そして、それらのすべてが一点に凝縮する結論の部分。そういう話の組み立てを、こうやると、自分の目で確かめることができる。いま思い返してみると、中学生のころから、一枚のざら紙に答案を書くとき、無意識のうちにこういうレイアウトを実行しているようだ。いま、論文を書くときでも、新聞のコラムを書くときでも、同じコツを実践しているらしいと、自分では感じる。答案を書くコツ、コラムのコツ、さらには新聞の紙面を構成して見出しをつけるコツ、すべては共通したものと信じる。教師の場合で学生の答案を読むとレイアウトの巧拙が歴然とする。提示や結論の部分が長すぎて、くどい印象を与えたりすることはないだろうか。展開の部分の材料の配列はうまくおさまっているだろか。材料が多すぎてごたごたしたり、一方にかたよって散漫になったりしてはいないだろうか。——こうしたことを点検して、レイアウトが決まったら、それに従って文章を書いていけばいい。

こうした作業は、戯曲やシナリオを書くときに用いられていて、専門用語では「箱書き」と言っている。「箱書き」は戯曲やシナリオを構成するレイアウトなのだ。

言ってみれば、文章とはドラマのようなものである。その主人公は、もちろん文章を書く自分自身だ。だが、ほかにもうひとり相手役がいる。それは、その文章の読み手だ。読み手という④バイプレイヤーには、セリフはない。けれども彼は確実にそこに存在し、行間に主人公の書き手と無言の対話をしていなくてはならない。大学を受験した時の自分を今になって思い出すと、たしかに、出題者（顔も名も知らない）と対話する気持ちで筆を進めていたと思う。

ドラマの主人公は、相手役に向かって、熱心にその考え方を説いていく。相手役の反応を見ながら、その心をつかもうと働きかけていく。そして、ついに相手の心を動かすというクライマックス。そして、幕切れの印象的なセリフ。

こういうドラマの構成は、そのまま文章にもあてはまる。「聞き手」という相手役を設定し、彼らの考え方を具体的にイメージとしてとらえることができれば、文章は生き生きと精彩を放つはずだ。

そんなとき、セリフにはリズムが生まれる。文章にもまた、リズムがなくてはならない。センテンスの長短は、そのまま書き手自身の息づかいを感じさせなくてはならない。——いやにだらだらと、どこまでも続くセンテンスは鈍重で切れ味が悪い。といって、やたらにぶつと、センテンスをこま切れにすればよいというのでもない。センテンスは短いほどよい、という法則が影響力を持った時期もあったが、その主張は極端すぎて妙味がない。やはり、ものにはほどがある。

短いセンテンスを積み重ねて、たたみかけていく呼吸。そして、長いセンテンスで、じっくりと説いていく呼吸。そんな長短の配合よろしきを得て、はじめて文章のリズムが生まれてくるものだ。

それを会得するために、自分の文章を朗読してみることをおすすめしたい。声に出して読んでみると、リズムのあるなしが実に明快にわかってくる。そして、快いリズムのある文章には、退屈させずに引っ張っていく力があり、読み手の心に食い込む説得力があるものだということがさとれるだろう。

著者紹介

芳賀　綏（はが　やすし）　国語学者。一九二八（昭和三年）年熊本県生まれ。主な著書は『言語・人間・社会』『日本人はこう話した』などがある。

本文は、雑誌『言語』（一九七八年五月号）に発表された「文章について」によった。

注

① 達磨大師の面壁九年　達磨大師が中国の少林寺で壁に面して黙ったまま九年間座り続けたという故事。達磨大師は五世紀ごろの南インドの王子。中国の禅宗の始祖。

② 「弘法筆を選ばず。」　本当の名人は道具を問題に

しない、のたとえ。弘法大師（七七四〜八三五）は平安時代の僧、空海のこと。書道の名人。わが国真言宗の開祖。

③ レイアウト　layout（英語）新聞・雑誌・ポスターなどで、写真・カット・文字などを効果的に配置すること。

④ バイプレイヤー（和製英語）演劇、映画などのわき役。

課題

一、「文章を書くことはおそろしい。」とあるが、その理由を考えてみよう。

二、この「文章について」では、実際にどのような意味で文章の作成に心得したか。

三、「大学に入学してから最も印象深かった出来事」というテーマで八百字程度の文章を書く場合のレイアウトを行ってみよう。

文章とは何か

谷崎潤一郎

言語と文章

人間が心に思うことを他人に伝え、知らしめるのには、いろいろな方法があります。例えば悲しみを訴えるのには、悲しい顔つきをしても伝えられる。物が食いたいときは手まねで食う様子をして見せても分かる。そのほか、泣くとか、うなるとか、叫ぶとか、にらむとか、嘆息するとか、殴るとかいう手段もありまして、急な、激しい感情を一息に伝えるのには、そういう原始的な方法のほうが適する場合もありますが、しかしやや細かい思想を明瞭に伝えようとすれば、言語によるよりほかはありません。言語がないとどんなに不自由かということは、日本語の通じない外国へ旅行してみると分かります。

なおまた、言語は他人を相手にするときばかりではなく、独りでものを考えるときにも必要であります。我々は頭の中で「これをこうして」とか「あれをああして」とかいうふうに独り言を言い、自分で自分に言い聞かせながら考える。そうしないと、自分の思っていることがはっきりせず、まとまりがつきにくい。皆さんが算術や幾何の問題を考えるのにも、必ず頭の中で言語を使う。我々はまた、孤独を紛らすために自分で自分に話しかける習慣があります。強いてものを考えようとしないでも、独りでぽつねんとしているとき、自分の中にあるもう一つの自分が、ふとささやきかけてくることがあります。それから、他人に話すのでも、自分の言おうとすることを一遍心で言ってみて、しかるのち口に出すこともあります。普通、我々は英語を話すときは、まず日本語で思い浮かべ、それを頭の中に英語に訳してからしゃべりますが，母国語で話すときでも難しい事柄を述べるのには、しばしばそういうふうにする必要を感じます。されば、言語は思想を伝達する機関であると同時に、思想に一つの形態を与える、まとまりをつける、という働きを持っております。

そういうわけで、言語は非常に便利なものでありますが、しかし人間が心に思っていることなら何でも言語で表せる、言語をもって表白できない思想や感情はない、というふうに考えたら間違いであります。今も言うように、泣いたり、笑ったり、叫んだりするほうが、かえってその時の気持ちにぴったり当てはまる場合がある。黙ってさめざめと涙を流しているほうが、くどくどことばを費やすよりも千万無量の思いを伝える。もっと簡単な例を挙げますと、鯛を食べたことのない人に鯛の味を分からせるように説明しろと言ったらば、皆さんはどんなことばを選びますか。恐らくどんなことばをもっても言い表す方法がないでありましょう。さように、たった一つの物の味でさえ伝えることができないのでありますから、言語というものは案外不自由なものでもあります。のみならず、思想にまとまりをつけるという働きがある一面に、思想を一定の型に入れてしまうという欠点があります。例えば紅《あか》い花を見ても、各人がそれを同じ色に感ずるかどうかは疑問でありまして、目の感覚の優れた人は、その色の中に常人には気がつかない複雑な美しさを見るかもしれない。その人の目に感ずる色は、普通の「紅い」という色とは違うものであるかもしれない」。しかしそういう場合にそれをことばで表そうとすれば、とにかく「紅《あか》」にいちばん近いのでありますから、やはりその人は「紅い」と言うでありましょう。つまり「紅い」ということばがあるために、その人の本当の感覚とは違ったものが伝えられる。ことばがなければ伝えられないだけのことでありますが、あるために害をすることがある。返す返すも言語は万能なものでないこと、その働きは不自由であり、時には有害なものであることを、忘れてはならないのであります。

次に、言語を口で話す代わりに、文字で示したものが文章であります。少数の人を相手にするときは口で話したら間に合いますが、多数を相手にするときは一々話すのが面倒であります。また、口で言うことばはその場限りで消えてしまうのでありますから、長く伝えることができない。そこで言語を文章の形にして、大勢の人に読んでもらい、または後まで残すという必要が生じたわけであります。ですから言語と文章とはもともと同じものでありまして、「言語」という中に「文章」を含めることもあります。厳密に言えば、「口で話されることば」と「文字で書かれることば」というふうに区別したほうがよいかもしれません。が、同じことばでも既に文字で書かれる以上は、口で話されるものとは自然違ってこないはずはありません。小説家の①佐藤春夫《さとうはるお》氏は「文章は口でしゃべるとおりに書け。」という主義を主張したことがありましたが、仮にしゃべるとおりを書いたとしましても、文字に記したものを目で読むのと、それが話されるのを直接に聞くのとは、感じ方に違いがあります。口で話される場合には、その人の声音とか、ことばとことばの間《ま》とか、目つき・顔つき・身振り・手まねなどが入ってきますが、文章にはそういう要素がない代わりに、文字の使い方やその他いろいろな方法でそれを補い得る長所があります。なおまた口で話すほうは、その場で感動させることを主眼としますが、文章のほうはなるたけその感銘が長く記憶されるように書きます。したがって、口でしゃべる術と文章をつづる術とはそれぞれ別の才能に属するのでありまして、話の上手な人が必ず文章がうまいというわけにはいきません。

実用的な文章と芸術的な文章

私は、文章に実用的と芸術的との区別はないと思います。文章の要は何かといえば、自分の心の中にあること、自分の言いたいと思うことを、できるだけそのとおりに、かつ明瞭に伝えることにあるのでありまして、手紙を書くにも小説を書くにも、べつだん、それ以外の書きようはありません。昔は②「華を去り実を就く」のが文章の本旨だとされたことがありますが、それはどういうことかと言えば、余計な飾り気を除いて実際に必要なことばだけで書く、ということであります。そうしてみれば、最も実用的なものが、最も優れた文章であります。

文章をもって表す芸術は小説でありますが、しかし芸術というものは生活を離れて存在するものではなく、ある意味では何より生活と密接な関係があるのでありますから、小説に使う文書こそ最も実際に即したものでなければなりません。もし皆さんが小説には何か特別な言い方や書き方があるとお思いになるのでしたら、試みに現代の小説をどれでもよいから読んでごらんなさい。小説に使う文章で、他のいわゆる実用に役立たない文章はなく、実用に使う文章で、小説に役立たないものはないということが、じきお分かりになるのであります。次に小説の文章の例として③志賀直《しがな》哉《おや》氏の『城《き》の崎《さき》にて』の一節を引用してみましょう。

自分の部屋は二階で隣のない割に静かな座敷だった。読み書きに疲れるとよく縁の椅子《いす》に出た。脇《わき》が玄関の屋根で、それが家へ接続する所が羽目になっている。その羽目の中に蜂《はち》の巣があるらしい、虎斑《とらふ》の大きなふとった蜂が天気さえよければ朝から暮れ近くまで毎日忙しそうに働いていた。蜂は羽目のあわいから擦り抜けて出るとひとまず玄関の屋根に下りた。そこで羽根や触角を前足や後足で丁寧に調べると少し歩きまわるやつもあるが、すぐ細長い羽根を両方へシッカリと張ってぶーんと飛び立つ。飛び

立つと急に早くなって飛んで行く。

植え込みの八つ手の花がちょうど満開で蜂はそれに群がっていた。自分は退屈するとよく欄干から蜂の出入りを眺めていた。

ある朝のこと、自分は一匹の蜂が玄関の屋根で死んで居るのを見つけた。足は腹の下にちぢこまって、触角はダラシなく顔へたれ下がってしまった。他の蜂は一向冷淡だった。巣の出入りに忙しくその脇を這《は》いまわるが全く拘泥《こうでい》する様子はなかった。忙しく立ち働いている蜂はいかにも生きている物という感じを与えた。その脇に一匹、朝も昼も夕も見る度に一つ所に全く動かずにうつ向きに転がっているのを見ると、それがまたいかにも死んだものという感じを与えるのだ。それは三日ほどそのままになっていた。それは見ていていかにも静かな感じを与えた。淋しかった。他の蜂が皆巣へ入ってしまった日暮れ、冷たい瓦の上に一つ残った死骸《しがい》を見ることは淋しかった。しかしそれはいかにも静かだった。

故芥川龍之介《あくたがわりゅうのすけ》氏は、この『城の崎にて』を志賀氏の作品中の最も優れたものの一つに数えていましたが、こういう文章は実用的でないということができましょうか。ここには温泉へ湯治に来ている人間が、宿の二階から蜂の死骸を見ている気持ちと、その死骸の様子とが描かれているのですが、それが簡単なことばで、はっきりと表されています。ところで、こういうふうに簡単なことばで明瞭に物を描き出す技量が、実用の文章においても同様に大切なのであります。この文章の中には、何も難しいことばや言い回しは使ってない。普通に我々が日記をつけたり、手紙を書いたりするときと同じ文句、同じ言い方である。それでいてこの作者は、誠に細かいところまで写し取っている。私が点を打った部分を読むと、一匹の蜂の動作を仔細《しさい》に観察して、本当に見たとおりを書いていることが分かる。そうしてその書いてあることが、というのは、この場合には蜂の動作でありますが、それがはっきりと読者に伝わるのは、できるだけ無駄を切り捨てて、不必要なことばを省いてあるからであります。例えば終わりのほうの「それは見ていていかにも静かな感じを与えた。」の次に、いきなり「淋しかった。」と入れてありますが、「自分は」というような主格を置かずにただ「淋しかった。」とあるのが、よく利いています。またその次の「他の蜂が皆巣に入ってしまった日暮れ、冷たい瓦の上に一つ残った死骸を見ることは云々《うんぬん》」のところも、普通なら「日が暮れると、他の蜂は皆巣に入ってしまって、その死骸だけが冷たいの瓦の上に一つ残っていたが、それを見ると、」というふうに書きそうなところですが、こんなふうに短く引き締め、しかも引き締めたためにいっそう印象がはっきりするように書けている。「華を去り実に就く」とはこういう書き方のことであって、簡にして要を得ているのですから、このくらい実用的な文章はありません。されば、最も実用的に書くということが、すなわち芸術的の手腕を要するところなので、これがなかなか容易にできる業《わざ》ではないのであります。

ただし、今の志賀氏の文章を見ると、「淋しかった」ということばが二度、「静かな」という形容詞が二度、繰り返し使ってありますが、この繰り返しは静かさや淋しさを出すために有効な手段でありまして、決して無駄ではないのであります。こういう技巧こそ芸術的と言えますけれども、しかしそれとても、やはり実用の目的に背馳《はいち》するものではありません。実用文においても、こういう技巧があればあったほうがよいのであります。

実用、実用と言いますけれども、今日の実用文は、広告・宣伝・通信・報道、その他種々なるパンフレット等に応用の範囲が広く、それらは多少とも芸術的であることを必要とするのでありまして、用途の上から言いましても、だんだん芸術と実用との区別が分からなくなってきつつあります。現に裁判所の調書などは、最も芸術に縁の遠かるべき記録でありますが、犯罪の状況や時所について、ずいぶん精密な筆を費やし、被告や原告の心理状態にまで立ち入って述べておりまして、ときには小説以上の感を催さしめることがあります。されば文章の才を備えることは、今後いかなる職業においても要求されるわけでありまして、かたがた心得のために、これだけのことをわきまえておいていただくほうがよいと思います。

著者紹介

谷崎　潤一郎（たにざき　じゅんいちろう）一八八六（明治十九）年〜一九六五（昭和四十）年。小説家。東京都に生まれた。東京大学国文学科中退。一九一〇（明治四十三）年、雑誌第二次『新思潮』の創刊に加わり、『刺青《しせい》』『麒麟《きりん》』などを発表、豊かな想像力とけんらんたる筆致で特異な作風を示して注目された。一九二三（大正十二）年に関西に移住した後は、上方《かみがた》文化の伝統にひかれ、古典的な傾向を深めて、『卍《まんじ》』『蓼食《たでく》ふ虫《むし》』『吉野葛《よしのくず》』『盲目物語《もうもくものがたり》』『蘆刈《あしかり》』『春琴抄《しゅんきんしょう》』などを発表し、そのかたわら『源氏物語』の現代語訳を完成した。戦後の作品には『細雪《ささめゆき》』『少将滋幹《しげもと》の母』などがあり、一九四九（昭和二十四）年、文化勲章を受けた。

この文章は、一九三四（昭和九）年に刊行された『文章読本』に収められている。本文は『谷崎潤一郎全集第二十一巻』によった。

注

① 佐藤春夫　一八九二（明治二十五）年〜一九六四（昭和三十九）年。詩人、小説家、評論家。詩集『殉情詩集』小説『田園の憂鬱』などがある。一九六〇（昭和三十五）年、文化勲章受賞。

② 華を去り実に就く　はでに見かけを飾ることを避けて地味で堅実な態度をとる。

③

志賀直哉　一八八三（明治十六）年～一九七一（昭和四十六）年。小説家。武者小路《むしゃのこうじ》実篤《さねあつ》らと雑誌『白樺』を創刊。『暗夜行路』『城の崎にて』『和解』など数多くの作品がある。一九四九（昭和二十四）年、文化勲章受賞。

課題

一、著者は言語を「非常に便利なもの」と言い、また「案外不自由なもの」と述べているが、その理由をどう考えているのか。

二、「口でしゃべる術と文章をつづる術とは、それぞれ別の才能に属する」とあるが、この作品から両者の違いはどのように考えているか。

三、「文章に実用的と芸術的との区別はない」とあるが、著者の観点を考えてみよう。

話すように書くな

井上ひさし

書店の店頭に立ったびごとに、われわれを驚かせるのは、書店の一隅にいまにもこぼれ落ちそうに並べられている文章指南書の長い長い列である。これらの文章指南書の体裁、および内容はまことに様ざまだが、ただその巻頭に部分はよく似ている。どの指南書も、申し合わせたように、次の二個条について頁を割いている。

〈書く前によく考えよ〉

〈話すように書け〉

これがどれにも共通する文章心得の二大根本原則である。前者についていえば、ごもっとも、文句のつけようのない真理だ。筆者も①拳々服膺《けんけんふくよう》させていただくことにしよう。しかし後者にはちょっと引っかかる。なかには、『だれもが書ける文章』（講談社、昭和五十三年）の筆者、橋本義夫のように、〈下手に書け〉と力説する指南書もあり、ますます引っかかる。もっとも橋本指南書は、だれに対しても〈下手に書け〉といっているわけではない。

橋本の説く相手は、文章を書こうなどとそれまで毛《け》筋《すじ》ほども考えたことのない人たちである。彼はそういった「文章処女」たちに〈下手に書け〉と説き、生活体験を綴ることをすすめ、それを〈ふだん記《ぎ》運動〉と名付けているのだが、では、この橋本の言いつけを守って、ひとりの庶民が下手に書こうと努めているうちに著しく文章力が向上し、よし今度は生活体験じゃなく小説のようなものを書いてみよう、と決心したとしよう。その庶民はなにを座右の銘とするだろうか。おそらく、〈話すように書け〉と記した紙を机の前に貼り出すに違いない。というのは、〈話すように書け〉を金科玉条《きんかぎょくじょう》にした作家がじつに多いからである。それも飛切上等の作家が口裏を合わせたようにそう言っているのだから信じたくもなってくる。

林芙美子が、本郷《ほんごう》菊坂ホテルに宇野浩二を訪ねて、小説の書き方について質問した時「当人のしゃべるように書くんですよ」と宇野さんがこたえた話は有名である。ぼくも宇野さんからじかにその話をきいたが、宇野さんはぼくには「しゃべるとおりの書き方の元祖の武者小路実篤ですね」といってから、「しかし、調子が出たらペンは置くことですね」といわれた。またこの「調子が出たら」のつぎに「葛西善蔵はそれをしょっちゅういってました」ともいわれた。宇野さんに「二つの会」（宇野浩二全集第十二巻一一一頁）という文章があって林芙美子とのこの問答のことが出ていて、その文章で、宇野さんは、「自分の持っている言葉で、話をする通りに書けばいい」と記しておられる。じかの話だと、「しゃべるように」と宇野さんの口から出たものが、文章になると、そういい方に変わっている。（水上勉「語り、文体それから」）

文字でする表現即ち文章と、言葉で以てする日常の談話の表現とに何か本質的な相違があるかのやうに考へるの抑《そもそも》の迷信なのである。言葉の通りを文字にしたものそれをそっくり文章と心得て差支へない。差支へないどころではない。それが本当といふのが自分の文章論の建て前である。それだからこそ言葉を知り文字を知る限りの人々なら、誰でも、文章は書き得るものといふ気軽るさと自信とで以て筆を執り紙に向かって、語らうとする心のままを、自分の言葉で自分の口から語りながら、手ではそれを文字に筆録してみるでけで、文章は自づと出来るものなのである。現に自分は今ひとり言を呟きながら唇の動きのとほり手で筆記してゐる。（略）言葉と文字との極端なまでの一致に対する信念、さうして心ゆくままに話すことを喜ぶが如く文字を操ることこれが文章入門の心得である。

（佐藤春夫「法無法の説」）

宇野浩二や佐藤春夫のほかにも、「言と文とは一致する」と説いた先達たちは大勢いる。里見弴は〈あたまの中ではつきりした形をとってゐる考へなら、言葉として口舌にのせる場合も、筆をとって紙の上に文字として記される場合も、共に先ず名言名文たるの素質を持つことになる。」（「文章について」）といい、滝井孝作は「文章は、形式も規則も何もないので、誰でも、無造作に書いてもよいものだと思ひます。」（「文章雑談」）といった。

これはあくまでも推測だが、話すように書けと教え諭しているこれらの先達たちに、たとえば“俳聖”芭蕉の「深く入って浅く出づる（対象を深く捉えてのち、それを簡単明瞭に書く）」という表現論が浅からぬ影響を与えていそうだ。さらにこれらの先達たちには、言文一致運動にたいする篤い信仰がある。わが国の言語改革のなかで唯一の成功例である言文一致体への強い尊敬がある。この運動の担い手であった明治期の文学者たちへの憧れがあった。こうしたことが、話すように書けという文章心得になってのではあるまいか。むろん芥川龍之介のように「いや、自分は書くやうにしゃべりたい」と異を唱えた作家もいたし、その先を行って「書くやうに書く」と叫んだ作家群もあった。がしかし大勢にそう大きな変動はなく、文章指南書は現在も依然として、話すように書け、言文一致こそ尊い、と説くのである。くどいようだが、現在の文章指南書のうちの一冊を手にとってみよう。ここにも言文一致の提唱がある。

人と話ができるなら、だれだって文章が書けるのだ。おしゃべりを字で書こう。（糸川英夫監修『美の

知識８８』三省堂。昭和五十五年）

南北朝時代の南朝の一つ、梁（五〇二〜五五七）の武帝が、臣の文人周興嗣（?〜五二一）に命じて作られた韻文集『千字文』の日本国への渡来は、『古事記』や『日本書記』によれば，応神天皇の十六年のこととされている。もっとも応神天皇の実年代は三世紀末葉から四世紀初頭らしいから、これでは年代があわない。周興嗣が「千字文」を作る前に、その「千字文」がなぜか渡来したことになってしまう。しかし重要なのはその書名がすでに記紀に見えていることで、とすれば八世紀のはじめ頃までには。わが国に伝えられていたと考えてよかろう。この「千字文」は一句四言，二百五十句で都合千文字、初学に必要な文字をことごとく含み，一字も重複していない。いろは歌の漢字版である。たぶんいろは歌はこの「千字文」の趣向を真似て作られたのではないかと思われるが、これはあてにならない素人推理、そっちへ踏み込んではならない。いずれにもせよ、「千字文」は千二百年間にわたって、手習の教則本として重きをなしてきた。今日でも書家は「千字文」を手本に手習をする。さて「千字文」は、頭、手、口、目、鼻、家、道、山、川、谷、水、火などの不滅の重要文字を満載している。八割以上が今日も大いに用いられているのである。つまり「書かれたもの」は意外に腐ることはない。その点、音声には選手の交代がまま見られる。たとえば〈wi, we, je, fe, ze〉などは消えたが、〈fa, fi, vi, vo, ti, tu, di, du〉などが勃興した。

別にいえば、言は絶えず文から離れていくのである。明治期に言と文は、文学者たちの努力によってごく近間まで接近したが、このごろは特に言の揺れが激しいせいもあり。言と文との間に距離が生じてきている。大勢の作家たちが話すように書けと論し、また文章指南書が同じように教えるのは、このへんを踏まえているからかもしれない。そういえば椎名誠を旗手とする〈昭和軽薄体〉という新種の言文一致運動が、若い人たちの間で、もてはやされてもいるようだ。

こういった事情を充分承知した上でいうのだが、それでも、話すように書け、は噴飯者《ふんぱんもの》である。話し言葉は、筆者の見るところ「会話態」、「講話態」、「ゆるやかな講話態」の三つに大別されると思うが、これらの話し言葉と、書き言葉とは、お粥と赤飯ほどもちがうのである。お粥が赤飯ではないのと同様に、極言すれば言と文との一致はあり得ない。それはなぜか。

試みに読者に行きつけの酒場にテープレコーダーを持ち込んで、そこのマダムと御自分との会話を録音なされるがよい。会話態というものがいかに書き言葉から遠くへだたっているか痛感なさるにちがいない。あるいは、部下を叱責《しっせき》なさるときに（上役からガミガミ叱られるときでもよいが）、その席にテープレコーダーを持参されよ。叱責という一種の講話態が、まるで「文」の体裁を整えていないことに仰天なさるだろう。あれほど筋を通してマダムを手際よく口説いたのに、部下を叱ったのに（あるいは上役から叱られたのに）、どうしてこう冗長な発語行為をしてしまったのか。ひょっとしたら自分は阿呆ではないか。

それが阿呆ではないのである。この冗長性こそは話し言葉の大きな特徴のひとつで、発語量の七〇％までが無駄な受け答えであるという調査（情報理論の創始者のひとり、クロード・シャノンの調査による）もある。つまりよく考えて発語するならば、われわれはいまの三分の一のおしゃべりで生きてゆけるというわけだ。がしかし無駄がなくなると会話をするときに命がけの緊張を強いられる。それでは神経がまいってしまう。そこでわれわれは三分の二以上もの無駄を交えて会話し、講話する。

また話し言葉では文（というのも妙なものだが）の長さが短くなる。岩淵悦太郎の調査によれば、新聞記事やラジオのニュースの文の長さが平均一六〜一九文節であるのに、会話では三・八文節だという。ちなみに文節とは、「文を分解して最初に得られる単位であって、直接に文を構成する成分」（橋本進吉）である。「話すように書け」の場合は、「話す」「よう」「書け」というのがそれぞれ一文節だ。したがって「話すように書け」という文は三文節から出来ていることになる。とにかく話し言葉は、新聞記事の四分の一以下の、少ない文節数で成っているわけで、話すように書け、を金科玉条にしたりすると、新聞記者はつとまらね。

このほかに話し言葉には、その文の構造が簡単（文節数が少ないのだから当然だ）であるとか、中心的意味を担う文節が冒頭にくるとか、目立った規則性が見られる。日本語では、大事な意味を持つ述語が文の最後まであらわれない。だが、それはあくまで書き言葉でのこと、たとえば会話態では、

「買えないよ、そんなもの、お金がないのでね」

といった具合に、述語をまず示して文の骨組や結構を定め、それから意味をいっそうくわしく限定する修飾語や修飾句を並べてゆくのである。つまり書き言葉にするには、この逆の手順を踏まなければならぬわけで、仕事の進め方としては正反対になる。なのにどうして、話すように書けるだろうか。

さらに話し言葉には、「ね」「さ」「よ」などの間投助詞が文節の切れ目ごとに付いたりする。エー、アー、オー、ソノー、アノーという無意味な音声も加わる。そして文脈の乱れ。話し言葉は瞬時のうちに消え失せてしまうゆえ、話し手は主語と述語や、修飾と被修飾の照応関係がわからなくなってくる。かと思うと相手の反応を窺って途中から論旨を変えてみたり、鼠花火のようにあっちへ飛び、こっちへ跳ねる。書く場合は、これら余計なものを排除し、照応関係を正し、論旨に一貫性を持たせなければならない。そしてこれらはかなり骨の折れる作業なのだ。

話し言葉では、言葉表現以外の伝達道具、たとえば声の調子や身振りなどがものをいう。

「ねえ、これ、買ってよ」

この文を発したのが粋な中年増で、声音が表情音のうちの「猫なで声」だったとしたら、われわれは、

とくに男の場合、財布を取り出さざるを得ないであろう。

またこの文を発したのが、目付きの鋭い、②やくざ風の男で、そっと差し出してきたのがなにやら曰くあり気な写真の束、そしてその声音が「③ドスのきいた声」であったら、やはり買わざるを得まい。このように話し言葉では、声音や口調が重要な意味を担う。書き言葉では、その声音や口調を描写しないかぎり、このようなことは起こらないのである。

「ガタンと音がした」

「それはもう長いトンネルでね」

こういった文を発語する際、われわれは「ガタン」を強くいい、「長い」を「ナガーイ」という。この音象徴も、当然のことながら書き言葉にはないものだ。

英語における、

Just a minute [dʒʌstəminit] ジャスタミニト

like it [laikit] ライキット

run out [rʌnaut] ラナウト

far away [fa:əwei] ファラウエイ

日本語の、東京方言における、

あなたの家 アンタンチ

ぼくの家 ボクンチ

行ってしまえ イッチャエ

知らない シンナイ

これらの連語法(sound collocation)もまた話し言葉の特徴である。いくつかの単語が、ひと息で、あたかもひとつの単語のようになめらかに発せられ、意義単位もひとつになる。つまり、単語、句、文とは何であるか、といったような形式理解は話し言葉にはいらない。問題となるのは、気息群と意義単位なのだ。書き言葉とは、同じ言葉であるとはいいながら、ずいぶんちがうではないか。

もうひとつついでに、話し言葉には声音の転換という現象がしばしばおこる。「茶釜」を「rsamaga＝チヤマガ」、「からだ」を「kadara＝かだら」、「卵」を「tamago＝タガモ」と、錯置するのがこれである。

発語行為においては、これらの言いちがいはほとんど咎められることはないが、文字では咎められる。ギャグとして仕組まれた場合は別であるが。

もっとも、会話態よりも講話態（座談会など）、講話態よりもゆるやかな講話態（スピーチ、講演など）へと発語速度が落ちてゆくごとに、話し言葉は書き言葉に近くなる、ということはいえる。佐藤春夫のいう「言葉で以てする日常の談話の表現」とは、あるいはこのゆるやかな講話態のことを指しているのかもしれぬ。ここでひとつ余談をはさめば、発語速度が落ちて講話態になると、「――は」「――を」「――で」などの助詞がきわだって強く発音されるという現象がおこることがある。間が持てず助詞で力んでしまうのだ。この助詞力み現象は、昨今の小・中・高校生、とりわけ女子の間で、たいそう流行しているようである。

話し言葉にみられる言語以外の、いわば準言語学的な要素はまだまだあるけれど、その大半を割愛して最後に「状況」について述べて、結論へ移ることにしよう。筆者はこの一ヶ月、市川市内の煙草小売店十数軒で次の如きささやかな実験を行った。百円硬貨を二枚出して、

「イレブンスター」

と告げたのである。また、時には、

「ライムライト」

とも発語した。そして筆者は一度の例外もなく、「セブンスター」や「ハイライト」を、ちゃんと入手している。この原稿を書き上げたら、散歩がてらに煙草屋へ出かけ、「ボッブ・ホープ」といおうと思っている。必ずや「ショート・ホープ」を手にすることができるであろう。すなわち、煙草屋の店頭に客として立つという状況の下では、ごく曖昧な発語を行っても、目的は達せられるのである。真夜中、頬冠りの土足、そして出刃庖丁という文脈さえあれば、たとえその頬冠り男が

「なにか御用がありでしょうか。言いつけていただけ

ば何でもいたします」と愛想よく問うても、忍び込まれた方はふるえあがり、有金残らず彼の前に並べるはずである。ここにおいて発語行為は完全に文脈に取り込まれ、かつ・み込まれ、伝達の用をなさなくなる。このようなことは書き言葉では起こり得ない。起こらせようと思うなら、その文脈を過不足なくしっかりと文字で捉えておかなければならない。

このような次第で書き言葉には準言語の援軍はまったく期待できない。そこで「話すように書け」などと信じていると文章を綴ることが、苦行とまではいかなくても、人間にはやや不自然な、もっといえばかったるい、そしてじれったい作業となる。むしろ「話すようには書くな」と覚悟を定めて、両者はよほどちがうものだというところからはじめた方が、ずっと近道だろう。そのとき書き手を支えているのは、自分の中に眠っている力を、言葉であらわすよろこびだけである。自己発見のよろこび、文章を綴るときの援軍は悲しいことにこの一騎だけだ。

著者紹介

井上ひさし（いのうえ　ひさし）一九三四（昭和九）年～二〇一〇（平成二十二）年、山形県生れ。上智大学文学部卒業。浅草フランス座で文芸部進行係を務めた後に放送作家に。『道元の冒険』（岸田戯曲賞、芸術選奨新人賞）、『手鎖心中』（直木賞）、『吉里吉里人』（読売文学賞、日本ＳＦ大賞）、『東京セブンローズ』など戯曲、小説、エッセイ等に幅広く活躍している。八四年に劇団「こまつ座」を結成し、座付き作者として自作の上演活動を行っている。

注

① 拳々服膺《けんけんふくよう》 胸の中に銘記して忘れずに守ること。

② やくざ風の男 博打打ち、無頼漢、まともでない人と思われる男を指す。

③ ドスのきいた声 低く、太くすごみを効かせた声。

課題

一、筆者が「話すように書くな」と主張する理由をまとめなさい。

二、冗長性が特徴である話し言葉が、書き言葉と大きく異なる例を探してみよう。

三、日本の若者の日本語が乱れている。その例を調べ、原因を考えてみよう。

詩歌

◆漢文の訓読・基本構造をしっかりと習得しよう。

◆唐詩のリズムや響きには和歌や俳句と比べて、どんな違いがあるのかを考えながら、音韻・リズムに留意して、鑑賞しよう。

◆詩的表現に注意し、喚起されるイメージについて、自分の考えを述べてみよう。

◆作品の時代性・詩人の心の世界及びその独特の表現法を読み味わいながら、実際に創作してみよう。

春 望

杜 甫

国破山河在
城春草木深
感时花溅泪
恨别鸟惊心
烽火连三月
家书抵万金
白头搔更短
浑欲不胜簪

①春の眺

杜 甫

②国破《やぶ》れて山河《さんが》在《あ》り
城《しろ》春にして草木《そうもく》深し
時に感じては花にも涙を濺《そそ》ぎ
別《わか》れを恨《うら》んでは鳥にも心を驚かす
烽火《ほうか》三月《さんがつ》に　連《つら》なり
家書万金《かしょばんきん》に抵《あた》る
白頭《はくとう》掻《か》けば更《さら》に短く
渾《すべ》て③簪《しん》に勝えざらんと欲《ほっ》す

めながら、痛感の思いを詠んだものである。時に四十六歳であった。

② 国　国都の長安。

③ 簪　かんざし。古代中国では男も髪を結いあげ、冠帽子をかぶったが、簪はそれらを髪につなぎ止めるのに用いる道具。

著者紹介

杜甫（とほ）　七一二年～七七〇年。中国盛唐の詩人。字は子美。号は少陵野老。律詩の表現を大成させた。中国文学史上、最高の詩人として李白の「詩仙」に対して、「詩聖」と呼ばれる。杜甫の詩の特徴は、社会の現状を直視したリアリズム的な視点が挙げられる。杜甫は当時の士大夫同様、仕官して理想の政治を行いたいという願望から、社会や政治の矛盾を積極的に詩歌の題材として取り上げ、同時代の親友である李白の詩とは対照的な詩風を生み出した。

注

① 本詩は五言律詩である。家族と離れ、俘囚の身として長安にいた杜甫が崩壊した国都の春を眺

課題

一、詩の主旨をまとめ、詩風を踏まえ、その心象風景を語り合おう。

二、杜甫の詩について「破」「在」はそれぞれどんな意味かを考えてみよう。

江雪

柳 宗元

千山鸟飞绝
万径人踪灭
孤舟蓑笠翁
独钓寒江雪

江雪

柳 宗元

千山鳥飛び絶え
万径人蹤滅《じんしょうめつ》す
孤舟簑笠《さりゅう》の翁
独り釣る寒江の雪

著者紹介

柳 宗元（りゅう そうげん） 七七三年～八一九年。中唐の詩人、文人。字は子厚。挫折の憂いを山水に晴らし、自然を詠う詩に優れている。また韓愈と並称される古文復興の先駆者である。唐宋八大家の一人。

課題

一、この詩は風景の描写を通じ、ある人物像が描かれている。その深層の意味を話し合ってみよう。

二、詩に描かれた風景を三百字程度まとめてみよう。

送元二使安西

王 维

渭城朝雨浥轻尘
客舍青青柳色新
劝君更尽一杯酒
西出阳关无故人

元二の①安西に使いするを送る

王 維

②渭城の朝雨軽塵を浥す
客舎青青柳色新たなり
君に勧む更に尽せ一杯の酒
西のかた③陽関を出づれば故人無からん

著者紹介

王維（おうい）七〇一年～七六一年。中国唐朝の最盛期である盛唐の高級官僚で、時代を代表する詩人。字は摩詰、同時代の詩人李白が詩仙、杜甫が詩聖と呼ばれるのに対し、その典雅静謐な詩風から詩仏と呼ばれる。東晋の陶淵明の田園詩や宋の謝霊運の山水詩を受けつつ、よりダイナミックに自然の美を詠う自然詩は王維より始まったとされている。また、深く傾倒した仏教の影響も窺える。

注

① 安西　新疆ウイグル自治区土魯番。
② 渭城　今の陝西省咸陽の東にあった町。長安から西北へ渭水を渡った所にあり、西北の塞外へと通じる街道の最初の宿場と言われている。
③ 陽関　甘粛省敦煌県の西に置かれた関所、北の玉門関とともに西域に通ずる要地であった。

課題

一、この詩に込められた詩人の心情を考えてみよう。

二、この詩における対句の構成を調べてみよう。

付

訓読の基礎

【白文】　原文のままの文章。例　有備無患

【訓読文】　返り点や送り仮名を施したもの。

例　有《レバ》レ 備《ヘ》、無《シ》レ 患《ヒ》。

【書き下し文】　日本語の形式に書き改めたもの。

例　備へ有れば、患ひ無し。

▼書き下し文のきまり

1　読まない漢字は、書下ろし文でも書かない。

例　志《ス》二 於 学《ニ》一。学に×志す。

2　送り仮名は、そのまま仮名書きにする。

例　天《ハ》長《ク》地《ハ》久《シ》。天は長く地は久し。

3　再読み文字は最初の読みは漢字、二度目の読みは仮名書きにする。

例　当《ニ》シレ 及《ブ》レ 時《ニ》。当に時に及ぶべし。

4　日本語の助詞や助動詞として読んだ漢字は、平仮名に改める。

例　不レ可《カラ》レ 軽《ンズ》。軽んずべからず。

送り仮名　—　日本語の助詞・助動詞・用言の活用語尾などを、漢字に添えたもの。

▼送り仮名のきまり

1　漢字の右下に添える。　例　白雲

2　カタカナを用いる。

3　古典文法に従い、歴史的仮名遣いを用いる。

例　食《ラフ》レ 桃。

★送り仮名—漢字の右下についているカタカナ。

符号	用法/用例
レ点	直前の一字に返って読む。 入《リテハ》レ卿《ニ》随レ卿《ニ》。 ②レ ① ④レ ③（卿に入りては卿に随《したが》ふ。）
一二点	二字以上離れた上の一字に返って読む。 処処《ニ》レ聞《ク》二啼鳥一。 ①②二⑤③④一（処処《しょしょ》に啼鳥《ていてう》を聞く。）
上中下点	一二点をはさんで返る。 （さらに上中下点をはさむ時は、「甲乙点」を用いる。） 不下為《ニ》二児孫《ノ》一買《ハ》中美田《ヲ》上。 ⑦下③二① ②一⑥中④ ⑤上（児孫の為に美田を買はず。）
レ点 上レ点	レ点と一点・レ点と上点との複合。 得《ン》二身事《ラフルヲ》一レ之《ニ》。 ④二 ①③一レ ②（身《みづか》ら之に事《つか》ふるを得ん。） 勿《カレ》下以《テ》二悪《ノ》小《ナルヲ》一而為《スコト》上レ之《ヲ》。 ⑥下 ③二①②一 ×⑤上レ ④（悪の小なるを以て之を為すこと勿かれ。）
その他	□—□（熟語の時） 三二省《ス》吾《ガ》身《ヲ》一。 ③二④ ① ②一（吾が身を三省《さんせい》す。）

▼返り点・送り仮名・句読点をまとめて、訓点と呼ぶ。

返読文字 — 訓読の時、必ず下から返って読む文字。

◇主な返読文字

不・弗（ず）
非・匪（あらズ）
無・莫・毋（なシ）— 否定の形
勿・無・毋（なカレ）— 禁止の形
使・令・教・遣（しム）— 使役の形
見・被・所・為（る・らル）— 受身の形
雖（いへどモ）— 仮定の形
如・若（ごとシ）— 比況の形
与（よりハ）— 選択の形

▼「可・自・従」は助動詞・助詞として読むので、書き下し文では仮名書きにする。

再読文字 — 一度読んだ字を、意味を補うために下から返って再び読むことにしている文字。

▼再読文字の読み方

未《いまダ》ず ①いまダ — 最初に読む。
」②ず — 後ろから返って読む。

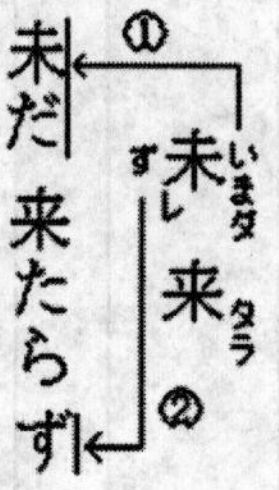

一つの①メルヘン

中原　中也

秋の夜は、はるかの彼方に、
小石ばかりの、河原があって、
それに陽は、さらさらと
さらさらと射しているのでありました。

陽といっても、まるで②硅石か何かのようで、
非常な個体の粉末のようで、
さればこそ、さらさらと
かすかな音を立ててもいるのでした。

さて小石の上に、今しも一つの蝶がとまり、
淡い、それでいてくっきりとした
影を落しているのでした。

やがてその蝶がみえなくなると、いつのまにか、
今迄流れてもいなかった川床に、水は
さらさらと　さらさらと流れているのでありました……

著者紹介

中原　中也（なかはら　ちゅうや）一九〇七（明治四〇）年～一九三七（昭和一二）年。詩人。山口県生まれ。著作は詩集『山羊の歌』『在りし日の歌』などがある。
本文は『中原中也全集　第一巻』（角川書店　一九六七年）によった。

注

① ヘルメン　ドイツ語（Märchen）童話。おとぎ話。
② 硅石　主として石英から成り、ガラスなどの原料に用いられる鉱石。

課題

一、この詩に描かれている情景の移り変わりについて、その表現上の特色を考えてみよう。

二、この詩を読んで、作者が伝えようとしている内容を、簡単にまとめてみよう。

三、この詩の題を、「二つのヘルメン」にした理由を考えてみよう。

青の詩

水田　宗子

コンピュータを開けると
波がうねっている
光を反射させて
波頭が眩しい
わたしは
その海原に文字を書き込む
小さな文字は
意識の波間をたゆたい
脳波に押し流されて

増殖していく
産み落とされた卵のように
連なって海面を覆っていく
やがて青い海原にかわって
一つのテキストが
まるで現実のように
あたりまえに
一面を独り占めしていく

幼子が一人
砂浜に立って手を振っている
背後の海はどんよりとして
波が荒立っている
白い波頭が文字を消してしまった
幼子の聞こえぬ呼び声に
論理はばらばらになり
思考は砕かれ
テキストは中断
ふいに現れた一枚の写真

電波に流され
太平洋を渡り
浜辺に打ち上げられて
此処まできた
幼子はわたしを通過して
遠くを呼んでいる
見知らぬ記憶
テキストの外部
画面の中の世界の外
応答しようと
急いで
キーを押す

波が静止している
光はいつまでも同じ所を輝かせている
すばやく
青い海原はすべてを消し去り
やがて眠りに墜ちていく

メカニカルなナッシング

二〇〇八年七月

著者紹介

水田　宗子（みずだ　のりこ）一九七〇（昭和四五）年、米国イエール大学博士号取得。現在、学校法人城西大学理事長。比較文学者、女性学研究者、文学評論家および詩人。著書に『ヒロインからヒーローへ』『二十世紀の女性表現』『女性学との出会い』『ジェンダーで読む〈韓流〉文化の現在』、詩集に『帰路』『サンタバーバラの夏休み』『春の終りに』『幕間』など多数。

課題

一、「青の詩」は主題としてどんな詩情を詠っているのか、話し合ってみよう。

二、詩に表現されたものを言葉を通して、的確に把握した上で、詩人の表現の特色をまとめてみよう。

三、この詩に託そうとした詩人の思いを想像し、感想文を書きなさい。

3・11東日本大震災三題[①]

杜　鳳剛

1、悪夢

せきとめてくれ
この波を
この先に逃げ遅れている人がいるのだ
叫んでいるうちに
僕も手足が何かに縛られ
身動きもできないまま
津波に飲み込まれた

2、雷

津波に流されている
車の中にいる人の叫び声と
心臓のときめき
聞こえるはずもない
この雷に打たれて
僕はテレビに釘付け
ぼう然としている

3、祈り

この大きなうねりよ
悪意はなくただあなたをもちあげるだけでしょう
今すぐ緩やかにおろしてくれる
テレビの前で
僕は切々と静かにお祈りする

著者紹介

杜　鳳剛（と　ほうごう）一九五七年、中国大連生まれ。大連理工大学教授。文学博士。主な著書は『新撰万葉集総索引』（和泉書院）、『道明寺天満宮蔵新撰万葉集』などがある。

注

① 3・11東日本大震災

二〇一一年三月十一日に、日本では観測史上最大の地震が発生し巨大な被害を引き起こしました。これに対し、温家宝総理（当時）を始めとする中国政府は慰問と支援の意を表しました。中国の緊急援助隊は初めて日本で救援活動を展開し、中国政府は救援物資等を被災地に提供しました。また、民間レベルでも被災者に対し、さまざまな支援や応援の活動が展開されました。

在中華人民共和国　特命全権大使　丹羽宇一郎（当時）は「大使として、また一人の人間として、この困難な時に中国の皆さんから頂いた心温まるご配慮に感動し、心から感謝しています。」と述べました。

この「3・11東日本大震災三題」は、大地震と津波の影像を見て、浮かんだ一瞬の心情の映しであります、一日も早く被災地の復興がなされるようにという願いが込められています。

課題

一、東日本大地震の背景を踏まえ、作者の心情を考えてみよう。

二、文題の「悪夢」「雷」「祈り」の関係を考え、その変化を探ってみよう。

三、「祈り」の自由詩体を真似て、「被災地の皆様へ」を題に詩を書いてみよう。

文化理解

◆取り上げた日本文化論の名著を熟読し、近現代にわたる日本の思想および文化の細部に注目し、総合的な日本理解を深めよう。

◆比較文化の視点から、中国と日本の文化の相違点を考えてみよう。

◆もっとも関心のある文章を一つ選び、それぞれ自分の観点を述べ、みんなで議論しよう。

小さな巨人の時代

丸山　健二

巻にあふれている数々の商品ですが、特に電気製品などは、昨今非常に小型化が進んできており、ショーウインドーをのぞくたびにびっくりします。パソコンにしても、それからオーディオ製品にしても、その他もろもろの家庭電気器具がコンパクト化の道をまっしぐらに突き進んでいます。つまり、軽くて薄くて、短くて小さい方向へと向かっているのです。おそらく、こうした傾向はこの先ますますエスカレートし、メーカー側はさほどの意味があるとは思えない製品の小型化にもしのぎを削るでしょう。品物が小さくなったことによって、大半の日本人が住んでいる小さな家、小さな部屋にぴったり合ってきたのだ、というような印象を持つ人もいるかもしれません。しかし、本当にそうなのでしょうか。性能を落とさずに小型化され、そのために自分の部屋の空間をいくらかでも広く使えることが、そんなにすばらしいことなのでしょうか。まあこれが小説家の考えすぎかもしれませんが、こうした時代の先の先、奥の奥に、得体の知れない無気味な答えが待ちかまえているような気がしてならないのです。縮小から消滅へと結びついてしまうのではないかと考えてしまうのです。

戦後、日本は当事者である日本人ですら驚いてしまうほどのものすごい経済的・物質的発展を遂げました。文化的・精神的にはともかく、物質的には非常にめざましい発展を遂げたのです。たとえば、車ひとつとってもそのことがよくわかります。わたしが子どものころ、車などというぜいたくなものには、自分は一生無縁であろうと思っていました。マイカーを乗り回せるような身分には絶対なれないだろうと思い込んでいたところが、今ではそれが当たり前のような顔をして、自分の車のハンドルを毎日握っています。カラーテレビも、冷蔵庫も、オーディオも、その他さまざまな品物があっという間に氾濫して、いつしかそれを手に入れられる立場に立っており、いまやそれなしの生活などまったく考えられなくなってしまっているのです。もう十分過ぎるほど十分なのに、新しくて魅力的な製品が次々に登場し、目の前をちらつくたびに、「ああ、まだ足りない。ああ、まだほしい。」という焦りにも似た思いにかられて、それを追いかけようとするのです。動く物を見るとすぐに飛びついて食べてしまう貪欲な魚、ブラックバスと大差はありません。それが釣り師の仕掛けだとわかっていながら、本能的に飛びついてしまうのです。そして気がついたときには、みごとに釣られています。次々に新しい製品が出てくるたびに手を出し、買い換え、やがてはそれが癖になり、そうすることで束の間の幸福を味わい、そうしたくてもできないときに、不幸にごく近い気持を味わうのです。あげくに、もっと便利なもの、もっと新しいものはないか、という待つ姿勢に変わります。次の製品を無意識のうちに待っている自分に気づいて、ゾッとしたりするのです。もっと風変わりで便利で斬新な商品が出てこないかという、待つために待つ奇妙な習慣がすっかり身についてしまい、売り手側のペースに巻き込まれ、「愚かな消費者」を演じているのです。全員がそうだとは言いませんが、多くの人々がたぶん、わたしと同じようなことを感じているのではないでしょうか。そして、苦笑しているのではないでしょうか。

　高性能コンパクト化がこの先どんどん進んで、それを追い求めていった結果がどうなるのだろうかという想像をしてみますと、何となくいじましい、いじけた暗い人間像が、あぶりだしの絵のように、あるいは亡霊のように浮かび上がってくるのです。せっかく手に入れた品物なのですから、無理にでもそれを相手にして遊ぶようになります。ということは、外に出る時間がそれだけ減るのです。ありとあらゆる種類の遊び道具に囲まれて、部屋に閉じこもっている時間が長くなるということは、つまり生々しい人間、生々しい現実というものにじかに接する機会が減ることです。安全で居心地のいい自分の部屋に長いこと閉じこもって、それなりに面白くて刺激的な時間を過ごすことができる。部屋の外で荒れ狂っている現実の波にもまれるのは、あまりにも疲れるし、あまりにも危険なことだ、という方向へ傾いていき、しまいには部屋から一歩も出られなくなってしまう。そんな不自然な人間になってしまうのでしょうか。機械を相手にして得られる刺激や感動は、偽物だとまでは言いませんが、しかし本物でないことは確かです。本物の感動というものは、常に現実のなかに、汚くて危険な現実のなかにしか存在しないとわたしは信じています。それに第一、部屋から出ないで生活できる人間は稀なのです。

若い者たちが、この世の生々しい現実と対決し、自分自身の目や耳や肌で生々しい事実や真実をありのままにとらえ、分析し、判断し、理解してゆくという当たり前の姿勢をとるのをやめてしまったら、果たしてどうなるのでしょうか。テレビから一方的に与えられる情報のみですべてを理解する、というような横着な生き方をしていたらどうなってしまうのでしょうか。本当の世の中、本物の現実というものが何であるかわからないまま、成長して大人になり、わかっていないということさえも気がつかないで、むしろ自分はよくわかっているんだ、つまり、マス・メディアから流された数々の情報をこんなにも吸収したんだから、わかっていないはずがないんだ、というような誤った思い上がりでもって、自信たっぷりにひとつの答えを出す、もしくは二者択一を迫られて決断する、もしそんなことになった場合、社会とか国家とかの規模で出さなければならないきわめて重大な答えはどうなるのでしょうか。そして、今はまだそうではない時代だといえるのでしょうか。

しかたのないことだとしても、重要な数々の情報をいつも与えられ、それを黙って受け止めるだけの側に自分を置いてしまっているということは、実に危険です。なぜなら、情報を与え続ける側の人間の思い通りに、ねらい通りに、それとはわからない控え目なやり方で操作され、乗せられて、気がついたときには、彼らの都合のいい方向へ、知らず知らずのうちにもっていかれてしまっていた、というようなことにもなりかねないからです。まちがいなく自分の意思で決めたと思ったことが、実は与える側の人たちの計略にまんまと乗せられてしまっただけだったというようなことが万が一つでもあったら、これが由々しき問題なのです。

もっとも、正確な情報というものは、なかなか手に入りにくいのです。そしてまた、ラジオやテレビを通じて流れる膨大な情報にしても、情報のごく一部にすぎず、すべてではありません。その情報も、まちがいではないかもしれませんが、正確無比というわけではないのです。このあたりの微妙な誤差が問題なのです。もし悪意的な作意でもってブラウン管の前の人々をどうにかしようと考えている者がいたら、彼らはおそらくその誤差を巧みに利用するにちがいありません。わたしたちはそんなことも頭のどこかに置く必要があると思います。

部屋の外へ出たからといって、自分の目と耳でつかむ情報量は高が知れています。質の点でもさほどのものではありません。しかし、どんなに些細な情報であっても、それが他人から流されたものではなく、自らの手でつかみ取ったものであることに大きな意味があるのではないでしょうか。たとえば、鳥類に興味があっても、カラー図鑑やスライドやビデオテープのみに頼ってそれを知り、知識を深めてみたところで、実際に森へ出かけて、本物の鳥が飛んだりさえずったりしている様子を観察しなければ、理解したことにはならないのです。第一、本物の感動と巡り合うことができません。ひょっとするとわたしたちは、現実によく似た「現実もどき」ばかり相手にして、それが真の現実だと思い込んで重大な選択をしたり、決断を下したりしているのかもしれないのです。スズメやカラスといったありふれた鳥を、改めて自分の目で見るといったような基本から出直すべき時代に入っているのかもしれません。

著者紹介

丸山　健二（まるやま　けんじ）一九四三（昭和一八）年〜。小説家。長野県生まれ。主な作品は『夏の流れ』『千日の瑠璃』など多数。

課題

一、「縮小から消滅へと結びついてしまう」とあるが、具体的にはどのようなことか。

二、「小さな巨人」という言葉には、筆者の現代に対するどのような捕らえ方が表れているか。

三、私たちの身のまわりで小型化していくものを具体的にあげ、それがこれからどのゆになっていくと思うか、話し合ってみよ。

日本人と日本文化

司馬遼太郎＊ドナルド・キーン

日本人の合理主義

司馬　日本人における合理主義はどこから来たものか。固有にあったのか、それとも①南蛮人《なんばんじん》との接触によってできたのか、これは、かねてから私のたいへん気になっている事柄なんです。もちろんむつかしい問題ですけれど、一つの例として、江戸の中期に漢方医で山脇東洋（一七〇五年～一七六二年）という人がおりまして、この人は蘭学者ではなく、京都の御所の医官で従って漢方だったのですが、四十九歳かではじめて②粟田口《あわたぐち》で人体解剖をした。東洋はかねてから人体解剖がしたくて、もっぱらカワウンを解剖していたのですが、満足できない。なぜそれほど解剖を望んだかというと、漢方は、ご存じのように陰陽五行説を絶対原理としてできておりますでしょう。人体の場合でも、中国の宋の時代に解剖例が一例だけあることはある。それは宋の役所が認めて、名医が解剖して、その解剖図というものができた。その解剖図が日本にも伝わっておった。ところが、その宋の名医の解剖図というのは、その宋の名医が罪人を解剖してみたら、自分が教えられている配置にはなっていない、つまり陰陽五行説の通りになっていない。これはけしからん、これはきっと罪人だからだ、というわけで、解剖図を書くときに、陰陽五行説どおり、つまり事実を事実として認めずに、観念で書いた。その間違った解剖図が日本に伝わってきて、だいたい漢方医のだれでもが持っているのは、この人体図だったのです。

山脇東洋にはそれがどうもいかがわしく思われてしようがない。ずっと疑問をいだきつづけていて、それでカワウソを解剖して調べていたのですけれども、カワウソはやっぱり少し人間とちがうらしい。そうこうしているうちに、やっと東洋が四十九歳のときに人体解剖を許されて、実施することができた。そのときに、東洋は「はたして中国から渡ってきた解剖図はまちがっていた。現実はこうである。」と言って、ひじように喜んでその報告を『③蔵志』に書くのです。山脇東洋は、厳密にいって同時代ではないのですけれども、いろんな主義者が出てくる時代の人です。④荻生《おぎゅう》徂徠《そらい》（一六六六年～一七二八年）とか⑤本居宣長《もとおりのりなが》――本居宣長が合理主義者かどうかは別として、モラルの学問よりも、要するに今日の学問に近いことをやりだした人でしょう。荻生徂徠もそうでしょう。山脇東洋は漢方オンリーの人ですけれど、やっぱりそういう時代の空気のなかにおって、漢方しか知らないけれども、とにかく漢方の陰陽五行説という観念論的医学に疑問をもって、そして自分の合理主義を解剖によって達成した。

日本人がなぜ、そういうぐあいになっているのかというのは不思議で、私はいまでも不思議でしょうがないのですけれど、これはつまりポルトガル、⑥イスパニア人以来、あるいはオランダ人以来の合理主義というものが、日本にわずかな接触ながらもしみ込んでいたのか、それとも日本人は中国人とちがって、もともと観念的であることが少なかったのか、まあ両方あると思うのです。なぜかといいますと、日本は律令時代でさえ完全な中国体制をとっていませんし、こっち側の思うままの、要するに現実的な政治体制のままで来たものですから、ほんとうの意味での儒教にどっぷりひたったことは一度もないと思うのです。ほんとうの意味の儒教というのは、百姓どものつきあいの仕方、きびしい親類の序列に至るまでのものでしょう。そういうなましいものは日本に入って来たことはないから、全部それはブッキッシュなことで、つまり孔子、孟子を読むだけのことであって、生活の規範とかしきたりとか、お葬式の出し方とか婚礼の仕方というものになってこないでしょう。ですから、完全な儒教になることからひじょうに免れておったということが、南蛮人との接触においてひじょうにプラスになったのじゃないか。

もちろん中国のほうがむしろ合理的じゃないかという見方もまた一つできるんですよ。朱子学というものは分析的ではないかと、それはそれで言えるのですけれど、しかし、目に見えたものが三角であれば、三角であるということを言うのがヨーロッパの知恵というものだったわけですから、それがいきなりすっとはいれたのは、アジアでは日本だけでしょう。

キーン　もちろんそうです。いろいろ考えられますけれど、どうして中国人に同じような近代の発展ができなかったかということは、よく言われるように一つは中華思想があって、中国は世界の中心の国である、ほかの国々は、中国の周囲にすぎない野蛮国である、そういうような考え方がありましたから、積極的に外国からすぐれたものをとり入れるという考えはまずなかった。いくらヨーロッパ人と接触があっても、べつにヨーロッパ人の知恵を借りたいとか、ヨーロッパから学ぶべきことが多いという考えはなかった。

日本の場合は、はじめから近くに中国という先進国がありましたから、外国からものを学ぶ習慣がついていました。それでポルトガル人が入ったときに、べつに抵抗を感じなかったのでしょう。ポルトガル人が持っているものを見て、やっぱり日本のものよりもすぐれているという判断ができ、外国のものだから採用できないという考えは全然なかった。とくに少し前の戦国時代に、それまでの秩序が完全にくつがえされましたから、そのときまでの常識はだめになって、新しいものを歓迎するような雰囲気だった。鉄砲でもってより多くの敵を殺すことができるならば、どんどん鉄砲を使ってもいいと考えた。もしもヨーロッパ人とのはじめての接触が、もうちょっとあとの時代であって、徳川中期くらいだったら、まったく違う様子だったろうと私は思うのです。一つの証拠として——証拠になるかどうかわかりませんけれど——日本人は⑦種子島《たねがしま》と呼ばれた鉄砲を知り、織田信長の部隊がそれを使ったころは周知のことで、鉄砲の専門化が何人もいましたが、しかしみんな途中で捨てられてしまうのです。徳川将軍が鉄砲隊を持ったわけじゃないし、特別に鉄砲とか大砲というものにたいして関心もなかったようです。

要するに一種の固定した社会ができ上がってしまうと、外国のものにたいしてそんなに寛容な態度はとっていなかったようですね。特別の日本人、つまり蘭学者とかいう人だったら別ですけれども、政府としては前ほど外国のものにたいして関心をいだかなかったと思うのです。だから、ちょうど日本としてはいちばんいいときに、つまり戦国の終わりそうなときに、ポルトガル人がたまたま日本に着いた。これは日本のために運がよかったですね。外国のものだから、それを使ったら、身体が穢れるとか、そういうような考えはまずなかった。

司馬　攘夷思想や、自国を神秘化させることはなかったですね。

キーン　もうちょっと安定した社会だったら、事実あとの時代にはそうなるのですが、外国のものだから穢らわしい、日本として使ってはいけない、そういう考えが出てきたかもしれませんよ。

日本人と儒教

司馬　私はひじょうに大げさに話をするようですけれども、世界のたいていの民族は、回教なら回教、キリスト教ならキリスト教、儒教なら儒教、あるいはその他のものでもよいのですが、つまり絶対原理のようなもので、飼いならされていくことによってしか、社会はできないのだという知恵をもっていたような感じがするのです。そうでないとその民族の社会は組み上がっていかない。たとえば中国では儒教原理は二千年ほど続いたけれども、とても近代に合わないというので、毛沢東が現われて、違う原理を猛烈に訓練して、それを、ただ単に政権がかわるというのじゃなくて、人民を国家が隅々まで飼いならしていく。つまり教育をしますでしょう。毛沢東教育というのは短期間ですから、われわれの目にひじょうに鮮やかに見えてしまうのですけれど、普通は長い歴史をかけて、でき上がる。そして、回教なら回教の社会ができ上がり回教の国ができ上がるわけですから、そういうぐあいにして国家とか社会とかいうものができ、人々の幸福が来るんだというようにしてみんなが過ごしてきたのに、日本人だけどうもそうじゃないような気がする。律令体制だって、国家秩序みたいなものの形だけの輸入で、内容は輸入していない。たとえば天皇が血縁結婚します。奈良時代以前の天皇でもそうですが、奈良朝以後の天皇でもあります。儒教体制の国の人々が聞いたら、びっくり仰天しますでしょう。向こうは血縁どころか、同姓はめとらずというのが鉄則です。日本は、トップである天皇みずからが破っているわけですから、それだけでも儒教というものはほんとうに入ってきたのかどうか、私は疑問なのです。儒教は原理としてわれわれを飼いならしたことがあるだろうか。徳川時代はわりあい勉強した時代です。けれども、それは勉強であって、さっきのお葬式の出し方までそれによったか、よりませんでしたね。

キーン　はたしてどのくらい儒教が日本人のなかにひろまったか、あるいは深まったか、ということですが、私は、徳川時代には案外ひろまったし、現在でも相当根強いものだと思います。つまり日本に道徳があるとすれば、それは仏教的な道徳じゃない。明らかに儒教的な道徳でしょう。このあいだ私の友だちから聞いた話ですけれども、現在の先進国の都市では、たいてい犯罪率は年ごとに上がる一方ですが、たった一つの例外として日本があるそうです。どうして日本でもっと犯罪がふえないが、昔風の日本人だったら悩むでしょう。どうして他の先進国並みに犯罪率が伸びないからと(笑)、自虐思想で悩むでしょうが、しかし、何も理由はないかもしれないけれど、もしなんらかの理由があるとすれば、それは儒教の影響じゃないかとぼくは思うのですが、どうでしょうか。

司馬　ぼくはその意見にわりあい反対であって、仏教はべつに道徳はありませんから、仏教にとって道徳というものはほとんど無意味なもので、律というものがあっても、いわゆるわれわれが考えているような平俗なモラルは少ない。儒教がそれを持ち込んでくれたわけですが、仁義礼智信というものを覚えたところで、モラルができ上がるわけではなくて、モラルというものは、お箸の使い方とか、お辞儀の仕方とか背後でささえる思想、そういう日常的な秩序が儒教であって、四書五経を読んでモラルができ上がるわけではないでしょう。

中国人の場合は、ほとんど文盲《もんもう》に近い人でも、儒教ですよ。私は昔から中国人の車引きをしている人だとか、労働者だとかを見ていると、ひじょうに感心するのは、彼らは日本のいかなる儒教よりも儒教的である。そう思うのは、つまり信というものをひじょうに尊びますね。裏切らないです。儒教で信というものが出てくるのは、私もこのあたりは無学なのですけれども、とにかく信は礼というものよりだいぶあとになって出てきたものだろうと思うのです。それでも中国の固有の社会的必要から生まれたモラルらしい。政府は頼むに足らずということがありますから、何千年という長いあいだ頼みにならない政府をもっていて、頼むのは同胞だとか親類だとか、あるいは同郷の人だとか友人だとか横の関係である。それは信のモラルだけがつないでいくものであるということが絶体絶命の必要として存在していて、そこまでいって儒教だと思うんですよ。

ところが、日本の場合、江戸時代は藩に儒者がおって、大きな藩なら三、四人、小さな藩なら一人か二人いるという程度での儒教です。礼儀作法というものが、あることはある。室町時代に室町大名の一軒だった小笠原家が、わけのわからないものをつくった。結婚のときにお結納《ゆいのう》を持っていきますという。その持っていく役目のものが、向こうへ行って黙っていてはいけない。お結納を渡してこれこれのことを言えとか、御飯を食べるときに、お箸をこっちからつけろとか、要するに無意味なお作法を室町幕府がつくりだして、これでたいへん荒ぶる大名をおとなしくさせたわけでしょう。それは原理的なものでなくて、⑧瑣末主義でがんじがらめにやったので、これは儒教原理とは関係ないものです。

徳川時代になると、いよいよゆっくり本が読める時代が来たというので、みんな本を読むのですが、たとえば⑨頼山陽（一七八〇年〜一八三二年）だって儒者ですけれど、頼山陽が親類とつきあっている方法だとか、友人とつきあっている方法だとかは、けっして礼教の徒のそれでない。頼山陽だけを具体的に例にあげるのは妙ですけれども、だいたいが儒教というものの影響は一般にはほとんど受けていないという感じです。

著者紹介

司馬遼太郎（しば　りょうたろう）一九二三（大正一二）年〜一九九六（平成八）年、大阪府大阪市生まれ。小説家、ノンフィクション作家、評論家。一九四一（昭和一六）年、大阪外国語大卒業。新日本新聞、産経新聞記者を経て、一九五九（昭和三四）年より創作活動に専念。著書に『梟の城』『竜馬がゆく』『豊臣家の人々』『国盗り物語』『殉死』『花の館』『坂の上の雲』『世に棲む日々』『歴史を紀行する』

など多数。

トナルド・キーン（Donald Keene）　一九二二（大正一一）年、ニューヨーク生まれ。コロンビア大学で仏文学を、戦後は同大学大学院にて東洋文学を専攻。一九五三（昭和二八）年、京都大学留学。現在、コロンビア大学名誉教授。日本学（日本文学・文化史）専攻。「私は日本という女性と結婚」二〇一一年四月末にコロンビア大学での教壇から降り、日本永住に向けた帰化の手続きを開始。著書に“Japanese Literature”『日本人の西洋発見』『日本の作家』『近世篇上・下』『日本文学史』（近代・現代篇一～後）『百代の過客』（上・下）ほか多数。訳書も『近松傑作集』『人間失格』など多数。

本文の出典は、『日本人と日本文化』（中央公論社一九七二年）による。

注

① 南蛮人　室町時代末期から江戸時代にかけて東南アジアに植民地を持ったポルトガル・スペインの人を指す。

② 粟田口　京都市左京区にある地名。

③ 『蔵志』　一七五九（宝暦九）年に発刊された日本最初の解剖書。幕府の許可を得て一七五四（宝暦四）年に京都の粟田口にある六角獄舎で腑分けを見た時の解剖図と解剖記録を記述したもの。

④ 荻生徂徠　一六六六（寛文六）年 ～ 一七二八（享保一三）年、江戸二番町の生まれ。江戸時代中期の儒学者・思想家・文献学者。

⑤ 本居宣長　一七三〇（享保一五）年 ～ 一八〇一（享和元）年、三重県松阪《まつさか》市の生まれ。江戸時代日本の国学者・文献学者・医師。

⑥ イスパニア人　現在のスペイン人のこと。江戸時代以前は、よりスペイン語の発音に近いイスパニ

アという呼称が用いられていた。

⑦ 種子島　鹿児島県にある島。一五四三(天文一二)年にこの島へポルトガル人が漂着したことで、日本へ火縄銃が伝来した。そのため、火縄銃を指すようにもなった。

⑧ 瑣末主義（さまつしゅぎ）たいして重要でないこと、些細なことにこだわりを持つ思考や言動の様式、態度。

⑨ 頼山陽(らいさんよう)一七八一(安永九)年～一八三二(天保三)年、大阪・江戸堀生まれ。江戸時代後期の歴史家、思想家、漢詩人、文人。

課題

一、司馬遼太郎が実例に挙げた山脇東洋の解剖医学は合理主義とどのように関係するのか。「ヨーロッパの知恵」の語を使って説明しなさい。

二、司馬のいう「ほんとうの意味の儒教」、「完全な儒教」とはどういうものか。「飼いならす」という語を用いて、自分の言葉で説明しなさい。

三、キーンは、「ちょうど日本としてはいちばんいいときに」西洋先進国のものが伝わったと述べている。この発言について、日本と中国の外国のものの取り入れに対する姿勢や「ヨーロッパ人とのはじめての接触が、もうちょっとあとの時代」場合を考慮に入れながら、「いちばんいいとき」とはどんなときかをまとめなさい。

四、司馬は「ぼくはその意見にわりあい反対」とあるが、ここでいう「その意見」とはキーンのどの意見か。

日本文化の主体性の喪失

梅原　猛

①本文掲出前に書かれているトインビーの世界文化観

日本文化を考えるには、世界文化全体とのつながりにおいて考えなければならない。その中で筆者は、イギリスの歴史家②トインビーが今の世界文化を捉える観点として一番正しい視点を与えていると評価付けている。以下に本文の掲出前に書かれているトインビーの世界文化観をまとめておく。

トインビーの画期的な点は、ヨーロッパの歴史だけを世界の歴史と捉えるのではなく、世界の歴史はヨーロッパのものも含む複数の文明の歴史と考える点である。十六世紀には六つの文明、文化圏がユーラシア大陸に並立していた。(一)西ヨーロッパ文明、(二)③東ローマ文明、(三)アラブ文明、(四)ヒンズー文明、(五)中国文明、(六)日本を中心とする極東の文明である。十六世紀から二十世紀初めにかけてはヨーロッパの文明が、自身が発明した科学技術を用いて世界を征服した時代である。他の文明世界はヨーロッパの文明を採用するか、列強の植民地となるかの二者択一を迫られた。これでヨーロッパの文明を選ぶことが「近代化」であった。

ところが、トインビーは二十世紀後半からは恐らく別の歴史が始まるにちがいないと予想した。それは、世界を征服したかに見えたヨーロッパの文明は、たかだか物質文明、科学技術の原理に過ぎなかったからである。世界統一のために、ヨーロッパは昔持っていた精神的原理をみずから捨てたのであった。ここに生じた精神文明の原理の空白がヨーロッパ文明の一つの弱点である。二十世紀後半以降に、ヨーロッパの科学技術を学びとった他の文明がよみがえり、ヨーロッパ文明への反抗が始まるとトインビーは考えた。

トインビーは反撃の内容や方法を具体的に言及しなかったが、いまや過去のものとなった文明の原理に安閑としているヨーロッパ人に対して警告を発した。他の民族は全部、一度、自分の文明を否定しなければならない大ショックを受けた。ヨーロッパの民族だけが自分の文明の原理だけで生き残っていけると考えている。ヨーロッパも大ショックを受けなければならないと述べた。筆者はヤスパース、ラッセル、ハイデッガーなどを例に挙げて、トインビーのこの考え方がヨーロッパで深くものを考える人たちの共通の考え方になってきていると捉えている。

注

① 監修者によるまとめ。

② トインビー　Arnold Joseph. Toynbee

③ 東ローマ文明　東ローマ帝国、ビザンチン文化を継承した文明。帝政ロシア、ソビエト連邦が代表的である。

(1) 百余年間の自己誤認

ヨーロッパ文明の取り入れの成功

トインビーは、現在の世界の文化に対して以上のような診断を下しましたが、この診断に基づいて、過去の日本の文化というものを振り返ってみましょう。すでに一世紀をこえた明治いらいの日本の歴史を振り返ってみると、トインビーの診断がまさにぴたりと当てはまる思いがします。というのは、多くの非ヨーロッパ文化圏国のなかで、日本だけが、少くとも日本が一番、ヨーロッパ文明を採用することに成功しており、明治いらい一世紀余の日本の歴史というものは、ヨーロッパ文明、特にヨーロッパの科学技術文明の採用に成功した歴史であるという一語に尽きるのではないと思われるからです。これは、我々の生活をみればよくわかります。

たとえば、黒四ダムができる。こういうことが自力でできる国は、欧米先進国かソ連以外ではないでしょう。ヨーロッパの文明を採り入れることによって、日本の生産力は、ヨーロッパ諸国をはるかに抜き、アメリカ、ソ連についでいる。この事実は、世界史の大きな流れからみて、驚くべきことではないかと思うのです。

ヨーロッパ文明の支配時代に、日本はヨーロッパ文明の採用に最も大きく成功し、成功することによって欧米列強の植民地となることを免れた。この点日本は、おそらく世界に類のない国ではないかと思います。そこに明治日本の偉大さがあるといえましょう。

外来文化受容の長い歴史

日本が、このようにヨーロッパの文明の採用に成功した理由はどこにあるか。かつての日本は直接間接にインドや中国から多くの文明を採り入れました。いつも日本は心を虚しゅうして外来の文明を採り入れてきました。これは特異なことです。トインビーは日本の西洋文明摂取をサルまねだといいますが、私はそうだとは思いません。すでに長い過去において、よその文明を学んだ多くの経験があるわけです。この経験なしには、まねようとしてもまねうるものではありません。

明治時代に、英語に返り点と送りがなを振った。それは漢文を読んだ経験がものをいったわけです。つまり千数百年にわたって外国文化を採り入れてきた経験があり、そのことがヨーロッパ文明を採り入れる際にもみごとに実を結んだわけです。それと同時に、日本の幕末から明治にかけての指導者の鋭敏な時代感覚がものをいっている。吉田松陰、坂本龍馬など、命を犠牲にしてもこの点に努力した人の力がある。こうして日本は西欧化近代化に踏み切り、この点で優等生となった。

英・数優位の教育

ところが、そういうヨーロッパ文明を採用することが日本の大きな目標だった反面、その目標によって忘れられたものがあります。例えば教育の面から考えてみますと、日本の中等教育の中心は英語・数学におかれている。日本人の必修教養というのは英語・数学ということになっています。大学へ入るには、明治いらい、英語と数学ができなくてはいけない。英語と数学ができなければ、高校生はあまりいばれないし、英・数というのは受験科目の中心です。これは、日本の文明の方向が明らかに外に向いていることを示していると思います。

英語はヨーロッパ文明を受け入れるための基礎知識だ。数学もまたヨーロッパの科学技術を受け入れる基礎だ。英語と数学の知識がなかったら、この文明を受け入れられないということです。つまり、外国から来た科学技術文明を受け入れられる人間を養成するということが教育の中心でした。

英語というのは、国語・社会・理科・美術・音楽などにくらべて、相対的に価値が高いというものでは全然ない。英語というものは、学問として、なにも本質的に高貴であるわけではない。そして大部分の人には実用的にもあまり価値はない。昔から、中学時代英語を習った人でも、卒業してから一度も英語を使ったことがないという人が多い。けれども性懲《こ》りもなく英語をやらせています。

技術中心の人づくり

もともと、英・数というのは、ヨーロッパ文明を受け入れるための技術学だったと思うのです。しかるに、その技術の学が教育の中心になってしまった。これこそ、明治以来の教育において大問題とすべきことでしょう。日本の教育は、このことをなんとも怪《あや》しまずにきたわけですが、これは日本の他の時代、あるいは他国の教育体系と比較してみると、私には異常であると感ぜられるのです。

たとえば、徳川時代の支配者の教育は儒教でした。四書五経を学ばせた。それは精神の学でした。決して技術の学ではなくて、それで支配者の精神を学んだのです。また、民間の教育は寺子屋ですが、寺子屋は、読み書きソロバンとともに、というより、それ以上に仏教をおしえている。そのいずれもよしあしは別にして、精神的な教育がその中心にあります。

中国のばあいは科挙という制度があった。科挙の試験は作文一本やりで、それに合格することによってのみ政治家となっていったのです。その作文で、知能や情操、判断力や想像力など一切の人間の能力がためされたわけです。受験生は文章一本で勝負したわけです。

ヨーロッパの教育体系も問題ですが、ヨーロッパには人文主義の伝統があり、やはり教育というものは、まず精神的な文化を身につけることが第一の目的だと思います。ヨーロッパ人と会って感じるのですが、政治家・実業家でも豊かな文化的教養をもっている。シェークスピアを読み、ベートーベンを聴く。そういう文化人をつくることが教育の目的です。しかるに、近代日本はちがう。そういう教養人より西洋の科学技術文明をできるだけ早く吸収する実用人の養成が教育の目的となる。たいへん競争には強く、専門的な知識をもっているが、精神性をもたない人間、そういう人間が明治以後特に戦後、一流の教育機関で育てられる。

こういうことを考えると、日本の明治・大正、とくに現在の教育がたいへん異常であると思わざるをえない。その教育の中心は精神ではなく技術となっています。これがヨーロッパ文明を採用することを至上の目的とした日本のあり方です。ですから、技術学の優位ということが明治百年の教育体系のなかにあるのではないかと思うのです。そういうと、そうではない、もっと道徳を教えていたのだという主張があるかもしれません。

しかし、昭和二十年まで教えた日本の道徳というのは、修身道徳だった。君に国に忠義を尽くす、国家中心主義の道徳——修身という名でもって技術的な教育を補うという役割を果してきた。これが日本の精神教育というもので、これは昔から日本に伝わる精神だとされました。しかしこの精神なるものはあまりに狭い精神であるとともに、深く日本的なものではないと思います。それは、徳川時代の武士の精神を、明治以後の国家主義に無理に合わせて変形したものです。

明治以後につくられた道徳というのは、ヨーロッパの強国に対し、日本は強くならなければならない、という要請を基本としていた。強くならなければならないから、日本の伝統のなかから強いと思わせるような要素を探し出して、日本というイメージをこしらえた。

つくられた「強国」日本

「強国日本」というイメージは、あったものではなく、作られたものであると思います。たとえば、私が子どものころに、日本という国は強い国だ、一回も戦争に負けたことのない国だ、というふうに教えられました。元寇で勝った、日清・日露戦争でも勝ったというわけです。しかし、事実は違う。白村江《はくすきのえ》の戦いでは負けているし、秀吉の朝鮮戦争でも、やはり負けたというべきでしょう。

しかし考えてみると、日本の歴史の特色は、戦争に負けたことがないことにあるのではなくて、ほとんど戦争をしなかったことにあるのではないかと思います。島国だったことが幸いした。明治以前二千年ほどの間に、三回ほどしか大きな対外戦争をやっていない。戦争をよくしたのは、むしろ明治以後です。これは日本の歴史の大きな特徴ではないかと思います。ヨーロッパの歴史をみるとそうではない。しょっちゅう血で血を洗うような悲惨な争いを繰り返しています。そして異民族の間の争いはまことにすさまじく、負けた民族は絶滅の運命をたどっています。日本はそれにくらべるなら、きわめて平和な国で、国内では多少戦争はあったが、対外的には明治以前に三回しか戦争のない平和な国であったというのが、実は日本の歴史の大きな特徴ではないかと思うのです。

そういう特徴をゆがめてしまって、戦争に強い国だというイメージを無理にこしらえねばならなかった。ここに、日本という国の明治初期におかれた一つの運命があったと思うのです。

文化遺産の否定

ヨーロッパの強国にうんと圧迫された時に、おれの国は強い国だと思わないとだめだったのです。ですから明治以後、昭和二十年まで教えられた道徳というのは、日本の伝統的な道徳であるというより、むしろそういう国際的な情勢に応じる国家意識によってつくられたゆがめられた道徳だったと思うのです。そういうなかで、本当の日本の伝統はすっかり忘れられていたと思うのです。そうしてそういうゆがんだ伝統解釈を可能にさせたのは、国学であったと思います。――それが明治以降の教育のなかへはいってきて、国粋主義の名において、日本の伝統をゆがめてしまうということを行なったのではないかと思うのです。

国学では、聖徳太子から日本はだめになった、仏教が入ってきたからだ、太子以前の日本に帰れ、といいます。つまり神道に帰れですが、全く神道に帰ってしまったとき、日本の長い間の文化というものはどうなってしまうでしょう。ですから、国学というものは、日本の文化の伝統を尊重するようにいいながら、実は長い間の日本人の文化的精神的遺産というものを否定してしまったのではないかと思います。

むしろ明治以後の日本は国学という狭いナショナリズムを採用することによって、自分の身を軽くして、ヨーロッパ文明の採用に成功したのではないか、と皮肉に考えざるを得ません。

(2) 失われた思想のバックボーン

真の精神の糧が消えている

なるほど、日本人というものは、大昔は神道だったかもしれないが、聖徳太子以来仏教を採り入れ、それによって文化を発展させてきました。そういうふうに文化を発見させてきた日本人の精神的努力を積極的に評価せずに、日本文化を語ることができないと思います。そういう日本人の精神の糧《かて》が、明治以来ほとんど教育から姿を消してしまっていることを注意せざるをえません。

たとえば、国語の問題を一つとってみましても、国語というものが日本の学校で教えられる時間そのものが大変少ない。これはある人の計算によりますと、フランスの三分の一だといいます。国語教育とは、なによりも日本語に対する愛情を育てるものです。フランスの文化は日本に比べたら、むしろ歴史的には浅いのです。十世紀ごろのフランスはまだ野蛮人でした。日本は十一世紀初期にはもう『源氏物語』を持っています。それなのに、日本では国語の時間はフランスより少ない。

それ以上に、日本人の精神的バックボーンを形成した親鸞・道元・日蓮ら、こういう人たちについて、教育において、いったいわれわれは教えられたでしょうか。こういうのが国語教育にはほとんどはいってきません。そして、国語教育は、たとえば戦前は『徒然草』とか『方丈記』というようなものが中心で、旧制高校の入学試験でも『徒然草』『方丈記』『枕草子』が国語の試験の中心でした。

私は『方丈記』『徒然草』必ずしもつまらぬとはいいませんが、『徒然草』にしても「つれづれなるままに」でしょう。退屈になるにつれて、です。『方丈記』――無常でしょう。退屈男と無常男。これは少なくとも一流の人物ではないと思います。吉田兼好にしても鴨長明にしてもそれぞれ面白い人物ですが、けっして歴史を動かすような人物ではありません。やはり第一級の文学者ではないと思います。第一級の人物は、退屈とか無常とかいう感情におぼれていないと思います。

親鸞と道元

日本史上には、もっと激しい理想や情熱を持った人がたくさんいます。親鸞《しんらん》は、おそらく退屈などしないでしょう。彼はいつも、自分の罪業の深さの嘆きと、同時に、自分のような人間でも救済されたという信仰の喜び、この二つの感情に支配されたはなはだ充実した人生を生きていました。ですから、『歎異抄《たんにしょう》』もいいですが、親鸞の『和賛《わさん》』や『教行信証《きょうぎょうしんしょう》』もぜひお読みください。これを読むと、親鸞がどういう人かわかりますが、非常にまじめな、自己反省の深い人でした。そして、そういう著書で自己の嘆きの深さと仏に救われた信仰の喜びをうたいあげています。私は、日本歴史の中でまれに見る真実な人間だと思うのです。

そして道元《どうげん》。この道元もまた大変な人です。『正法《しょうぼう》眼蔵《げんぞう》』九十五巻がありますね。同じ禅でも、中国にはああいう禅の哲学はありません。中国の禅は語録で、禅は詩にすぎません。ところが、道元になると禅は哲学です。そして、その文章は、実に品格が高く、おそらく最もきびしい――何かこう、深くて、きびしくて、ちょっと近寄れない世界ですね。

道元は貴族の出身です。最近、道元の母親は木曽義仲《きそよしなか》の妾にされたという説も出ていますが、私もそういうことがあっただろうと思います。そうでないと、道元の権力に対するあの憎悪《ぞうお》、また、性欲に対するあの憎悪はちょっと説明できないように思います。子どものときから、そういう不幸な陰の下に生まれないとああいう思想は生まれないと思うのです。とにかく、道元にはそういう、ものすごくいい文章がある。ところがそれを教えないのです。

日蓮と空海

それから、日蓮がおります。日蓮の文章もなかなかいい。日蓮も日本の民衆にもっとも人気のある宗教家ですが、おそらく、日蓮の情熱にひとびとは打たれるのだと思います。それはものすごい情熱です。日蓮の手紙は実に上手でおもしろい。女の人には女にふさわしいことを書いている。男の人には男にふさわしいことを書いている。みんなどこかに泣き所があって、誰でも日蓮さんにいかれてしまう。くだいていえば、日蓮はラブ・レターの名人です。

日蓮には片一方に強いところがあり、片一方には涙もろい、ほろりとするところがあって、今だに日本人の心を魅了し、日本を動かしているのです。日蓮の手紙など、けっしてむずかしいものではありませんから、高等学校の一年生くらいで教えるがよい、いや、教えなくてはいかんと思うのです。そういうふうに、ぜひ読んでほしいものが日本の文化伝統のなかには、まだまだたくさんあります。空海のものもそうです。

空海の文章はそうとうむずかしいので、ほとんど読まれていませんが、これは雄渾《ゆうこん》、雄大です。かくも雄大な人が日本にもいたのか、とおどろかされるほどです。三国の仏教文化のエッセンスを継承して、おれはすばらしい哲学を作り出した、そしてその哲学の内には、最高の知恵と最高の文化が含まれている……というのです。そういう雄大な自負の文章こそ、子どものときに教えないといけないと私は思います。

鴨長明《かものちょうめい》や吉田兼好《よしだけんこう》ばかり教えていると、人間が小さくなってしまう。けちくさくて、ニヒリストばかりになってしまう。人生に真正面から立ち向かわないで、斜に構えるような人間になってしまうのです。吉田兼好など、人生を横目で眺め、そして女性が好きなくせに、女をくさしたりしています。日蓮なら、好きなら好きといいます。

仏教への誤解

宗教教育はいけないといいますが、仏教は必ずしも宗教ではありません。あれは宗教よりむしろ哲学といった方がよいという面があります。キリスト教のように、これを信じよ、ということはない。仏教は思想でもあって、だから、日本の仏教はその宗派のちがいに応じていくつもの思想を生んだのです。キリスト教では聖書は一つしかない。ところが、仏教では聖書すなわち経典は無数にある。その無数の経典が日本人の精神的遺産となった。その教説を読ませることが大切だと思うのです。これを高等学校時代で読ませる教育をしなければならなかった。ところが、明治以来それが落ちてしまいました。

それはなぜか。私は、国学者の偏見によるものだと思います。偏狭な国学者が、国語教育を乗っ取ったのです。現在の国語学者は、自分たちは平田篤胤《あつたね》や本居宣長と関係ない、といいますが、実は、そういう形の国語教育がなされてきたわけです。ですから、今の国語教育では、仏教の知識はゼロでしょう。仏典の知識が落ちているのです。

同じことが、漢文の教育においてもみられます。昔は、『十八史略』や『日本外史』で教育されてきている。現在だったら『唐詩選』という、そういう形で教育されています。たしかに、私たちの先祖は唐詩の類も読みましたが、漢文の知識というのは、一面、経典を読むためのものでもあったのです。ところが今は、経典の知識というものは、ほとんどゼロになっている。ですから私は、日本人の精神教育、精神的な知識がやっぱり落ちているということを認めざるをえません。つまり、現代の日本人は精神的に音痴になるようにすでに教育されてきた、というふうにいわざるをえないと思います。

古典理解へのカギを失う

次に、仏典と日本文学とのつながりということであります。以上のようにして日本人は仏教を採り入れたわけですが、日本文化の中に仏教は大きな影を投げています。ところが、日本文化の研究にしても、日本の文学の研究にしても、その文化なり文学を養った仏教については全く理解がない。たとえば『源氏』や『平家』のような物語とか、あるいは世阿弥の能など日本文学にはいろいろな傑作があります。そしてそれらの中には仏教思想が深く影を投げております。紫式部が法華経《ほっけきょう》の熱烈な愛読者であった、ということも明らかです。仏教を知らず、法華経の精神を抜きにして紫式部や『源氏物語』を理解しようとする、これは大きな誤りであったと思うのです。

このことを、さきに私は私の著書の『地獄の思想』の中で追究してみました。日本の文学と仏教思想とのつながりを、〈地獄の思想〉とのつながりにおいて考えみたのです。また日本の山々は、しばしば、仏教思想と結びついています。地獄谷とか、薬師岳とか、称名滝とか弥陀ヶ原とかよばれるのは、おそらくこれらの山を開いたのは修験道の人たちと関係があるにちがいありません。それらの人たちにとって、これらの山は仏教思想を現わす一つの世界であった。そういうことが、いまはすっかり忘れられています。

こういう具合に見ますと、私たちが明治以来百年余にわたってやってきたことがだいたいおわかりだと思うのです。

どこへ行くのか

たしかに、トインビーのいうように、ヨーロッパ文明が世界を支配している現状において、おそらくヨーロッパ文明を採用しない民族は世界の発展からとり残されましょう。こういうような十六世紀から二十世紀初めまでの世界歴史を標準にとれば、私たち日本人は優等生でした。そして私たちの明治以来の文明は、全くその方向に従ってきました。

しかし、優等生であったということは、同時に私たちの持っていたさまざまの美点を捨ててしまったということではないでしょうか。ヨーロッパ文明採用の成功者でありえたことによって、ヨーロッパと同じように、私たちの文明もまた行きづまりを覚えつつあると言わざるをえません。

とにかく文明は発展しました。特に生活はよくなりました。しかし、いったい日本はどういう方角へ向かっていくのか。日本人の精神はどうなっているのか。この問いかけに対して、ヨーロッパ文明の未来に対してヨーロッパ人自身が迷い、何らの確定な答えに達していないように、私たちもまた、なんらの確定的な答えを出しえないでいる。確実な答えは出しえないというより、まだ問いそのものが十分成熟しえないように思われます。

著者紹介

梅原　猛（うめはら　たけし）一九二五（大正一四）年、宮城県生まれ。哲学専攻。文化勲章受章者。京都市立芸術大学学長を歴任し、国際日本文化研究センター所長を務めた。いずれも後に名誉教授となっている。日本学において独自の世界を開拓した。主な著書に『美と倫理の矛盾』『地獄の思想』『美と宗教の発見』『隠された十字架―法隆寺論―』『水底の歌』『日本学の哲学的反省』『歌の復籍』『古典の発見』など多数がある。スーパー歌舞伎を創作するなど、幅広い活動を行なっている。

本文は『日本文化論』より「2日本文化の主体性の喪失」を抜粋したものである。

課題

一、本文は『日本文化論』（講談社学術文庫一九七六初刊）に収められたものである。この書籍の「まえがき」に、昭和四十三年（一九六八年）に行なわれた筆者の講演が編集されたものであると書かれている。本文の文体および文章の書き方などの特徴について、具体例をあげたり、小説を中心とする他の文章と比較したりしながら議論しなさい。

二、本文は筆者の理念的分析に基づいた文章である。「(1) 百余年間の自己誤認」に書かれている発展とヨーロッパ文明の採り入れをめぐる議論について、a）筆者の観点をまとめ、b）日本以外の事例を当てはめて考察し、それぞれを賛否両面から批評および議論しなさい。尚、批評および議論に際しては、本書の文庫版としての初版が一九七六年、編集前に行なわれた講演が一九六八年であることも考慮すること。

三、本書の文庫版としての初版が一九七六年、編集前に行なわれた講演が一九六八年である。筆者および編集者はなぜ、この時期に本書を出版したのであろうか。時代的背景を調べて世界の社会変動状況を考慮しながら、「近代」、「現代」の後を用いて説明しなさい。

ユーモアのすすめ

森本 哲郎

流行語というのは、文字どおり流行することばであるから、当然、その生命は短い。ことに現代のような情報のあふれた社会では、ますます短命にならざるを得ない。ここに挙げる「なーんちゃって」などというのも、ずいぶん前にはやったセリフであり、そういえばそんなことばが盛んに使われた時代もあったな、というぐらいにしか記憶にとどまっていないだろう。

その「なーんちゃって」を今さら取り上げたのにはわけがある。泡沫のごとく消えていく無数の流行語の中で、右のことばは、ユーモアの本質をずばり開示しているように思えてならないからだ。といっても、私自身、こんな表現をだれが言いだしたのか、よく覚えていない。にもかかわらず、私はこれこそ流行語中の最高傑作だと断言してはばからない。こんなセリフを考え出した人はユーモア、こっけい、笑いの核心を直観的につかんでいる天才ではないか、とさえ思うのである。

私は講演を頼まれてあちこちへ出かけることが多い。依頼されるテーマはいろいろだが、ほとんどと言っていいほどきまじめな、深刻な題目ばかりである。確かに現代社会には難問が山積しているのだから、演題が切実なものになるのは当然なのであろう。そこで私も一生懸命に考え抜いて、少しでもお役に立ちたいと、額に汗をにじませ、与えられた時間いっぱい、時には超過してまで熱弁を振るうのだが、もし、その最後に、このことば「なーんちゃって」を付け加えたらどういうことになるか。たったこのひと言で、それまで話してきた内容のすべてが、それこそ「お笑い」になってしまう。この短いセリフは、それだけの威力を発揮するのである。たとえが少々下品で恐縮だが、この寸言、言ってみれば「百日の説法、屁《へ》一つ。」と同様の効果を生みだすわけだ。しかし、こうした不意の転換こそ、笑いを誘いだす何よりの動機と言えるのではなかろうか。だから、ここには笑いの本質が秘められているのだ。

人間の感情の中で、いちばん解明しにくいのは「笑い」である。怒りや悲しみは比較的容易に説明できる。そうした感情を生み出す原因が、はっきりしているからである。だから相手を怒らすことは、やろうと思えばだれにでもできる。悲しませることも、決して難しいことではない。ところが、人を意図的に笑わせることは、そう簡単ではない。それはきわめて知的な計算、技術を必要とするのだ、落語家や漫才師がギャグをひねり出すのにどれほど苦労しているか、察するにあまりある。ことばで人を笑わせるのには、人間の心理、世相、その場の雰囲気を十分考慮に入れた深慮遠謀が必要だからである。

そんなわけで、これまでずいぶん多くの哲学者、心理学者、文学者たちが「笑い」の分析に立ち向かってきた。中でも、よく知られているのは、フランスの哲学者①ベルグソンの「笑い」についての試論であろう。この論文はこれまでおびただしい読者を獲得してきた。いや、いまだに日本でも読み継がれ、「笑い」といえば、すぐベルグソンを思い出すほどである。むろん、私も幾度かページを繰った。

だが、正直に告白するが、何回読み直してみても、私は途中で投げ出してしまうはめになった。どうにもよく理解できないのだ。訳者②林達夫《はやしたつお》の「解説」によると、ベルグソンのこの著作は、「笑いと喜劇との正式法廷訊問《じんもん》」であり、「笑いは③ベルグソニズムと同じく自動的なもの、こわばったもの、でき合いのものに対する反発、生の自発性、流動性への合流」なのだそうだが、もしそうだとするなら、「怒り」についても全く同じことが言えるのではなかろうか。とすれば、ベルグソンの分析は、笑いについての必要な条件の解明ではあっても、十分な条件を満たしている、とは言いがたいような気がする。

さらにこの著作を理解しにくくしているのは、ここで笑いの引き合いに出されているのが、主として④モリエールの喜劇であるということだ。笑いというものは、時代によって変わるのはもちろんのこと、民族によってもかなり性格を異にする。ことにことばの機知やしゃれといったものは、その国の、いや、同じ国であっても共通の言語域にいない限り、決して通じ合うものではない。だから、モリエール劇のおかしみは、こちらにはピンとこないのだ。

むろん、ベルグソンもそうした点は十分に心得ており、「笑いは必ずや共同生活のある要求に応じているもの」と言い、「ある社会的意味を持っているものに違いない」と述べている。だから、その「共同生活」や、その「社会」の外にいる人間には、容易に通じないということになる。要するに、この有名な試論にしても、結局、笑いについての一般的な説明以外に例にして笑いを分析した日本人の論文を、フランス人が翻訳で読んでも、よくわからないのと同然である。たとえ日本人でも、江戸期という比較的近い時代の笑いさえ、もう理解を超えるということは、ざらにあるのだ。

ところで、「なーんちゃって」という流行語は、何年か前にはやったのだが、こうした表現は、たしか戦前にも流行したことがあるように記憶する。まだ私が若かったころだ。その時は「とかなんとか言っちゃって」という形だった。あるいは、流行歌の歌詞に使われたのがきっかけだったのかもしれないと思い、いろいろ調べてみたのだが、とうとう見つけることはできなかった。それが戦後では「なーんちゃって」という、いっそうこっけいな表現に縮まったわけである。

それにしても、これは何を意味するのであろう。「とかなんとか言っちゃって」を仮に英語かフランス語にでも翻訳するとしたら、どう意訳したらいいのか。まじめに解せば、その大意は「(あんたは)……などと、たいそう偉そうな(あるいは格式ばった、あるいはいかにも正当ぶった)ことを言っているが、本音をぶちまければ、そんなもんじゃあるまい。」という、相手に対するひやかし、揶揄、反論、暴露をこめた〝引っくり返し〟と受け取ることができよう。

いや、これはなにも相手や第三者だけに向けられることばではなく、自分に対して使う場合だってある。現に落語家や漫才師はしばしば大まじめな、まるで教師のような説教を試みたあげく、「なーんちゃって」と言って、瞬時に自分の言説を自分で引っくり返す。すると聴衆はどっと笑うのである。

そうした専門家でなくても、このことばはよく自分に対して使われる。その場合は、たいていてれ隠しのことが多い。自分で自分の偉そうな言辞に気づいて、その後にこれを付ければ、直ちに相手の不快を笑いに変えることができるからである。しかも、このセリフは、それまでの言説を完全に否定し去るわけではない。一応否定の形は取るが、ある程度の中身は保存して、それを笑いにまぎらすのである。そうすれば、この言説の二、三割は相手に快く受け入れられる。つまり、このことばは、難しいコミュニケーションの潤滑油の役割をも果たしているのである。

現に私自身、このセリフを吐きたくてたまらない衝動に駆られる時がある。演壇でがらにもないことを偉そうにしゃべった時など、しばしば自己嫌悪に陥り、あるいはテレビカメラの前に、しかつめらしい解説や意見を述べるような場合、最後に「なーんちゃって」と言いたくてしかたがないのだ。

しかし、公共の場でそんな放言をしたなら、聴衆や視聴者を侮辱することになるから、かろうじてその衝動を抑える。実は、それは自分で自分を侮辱することなのであるが、同時に聴き手もはぐらかすことになるのだからやっかいだ。やっかいというより、それだけこの⑤片言隻語《かたことせきご》は微妙で、かつ強力な働きを持っている、と解すべきであろう。

ところで――どんな人間にも時間は順調に流れている。時間は逆行するなどということは、ありえない。そうした時間の中に生きている人間は、当然、時間とともに順調な行為を予想しており、単に行動だけではなく、認識の過程でも順を追って、あらゆることを理解し、了解するよう頭を働かせている。つまり、人々は次の瞬間が予想どおりに展開することを無意識のうちに期待しているわけである。

だが、その期待が不意に外れると、ある場合には恐怖が、しかし、それが自分にとって全く無害である時には笑いが、こみ上げてくる。そこで多くの論者は、「不調和」という要素を笑いの核心に据えるのである。⑥チャップリンのいでたちは不調和以外の何ものでもない。

しかし、私はここで笑いについての分析を試みようなどというつもりはない。だいいち、私はそんな能力を持ち合わせておらぬ。ベルグソンは言っている。「⑦アリストテレス以来」、笑いという「このちっぽけな問題」と多くの思想家が格闘してきたが、笑いは「いつもその努力を潜り抜け、すり抜け、身をかわし、またも立ち直」って、哲学的な思索に対し、「こしゃくな挑戦」を続けてきた、と。

確かにそうである。笑いは、どんな哲学者に対しても冷笑をやめなかった、いや、今もってやめていない。私にできることは、せいぜい、その網にかからぬことだけである。

などと言いながら、私も笑いについて、いささか駄弁を弄《ろう》してしまった次第だが、笑いの本質を解明することの至難さは、笑いが、怒りや悲しみといった他の感情と比べて、実に多様だからである。笑いを生む動機には、姿形のおかしさもあれば、ことばのあやが織り出すものもあり、行為のちぐはぐさや、機知が造り出すトリックもある。しかも、無邪気な笑いから、嘲笑、お愛想笑い、媚び笑い、てれ隠しの笑い、昨今、外国人に盛んに指摘される日本人の無意味な笑い（ジャパニーズ・スマイル）に至るまで、笑いには実に千差万別の性格があるといっていいほどだ。

こうなると、笑いの分類学から始めなければ始末がつかない。ちなみに知り合いの中国人に聞いてみたら、中国にも笑いの種類は数多くある、と言って、たちどころに十何種も挙げてくれたのに驚いた。その中には、「獰笑《ねいしょう》」などという日本に輸入されなかったものもたくさんある。「獰笑」とはニヤリと笑って余裕を示す体《てい》の笑いなのだそうである。

しかし、笑いの中でもおもしろいのは、ナンセンスなものより、やはり機知に富んだ頭が生み出すユーモアであろう。いまだに忘れられないのは朝日新聞の「天声人語」を書いていた同僚の故⑧深代惇郎《ふかしろじゅんろう》君が、ある時教えてくれた英国人のこんな⑨ウイットである。

イギリスの議会で論戦のさなか、一人の議員が立ち上がり、「ここにいる議員の半分はバカだ！」と言った。議場はたちまち騒然となった。議員を侮辱したというので議長が発言の撤回を求めると、件《くだん》の議員はすなおに「前言を取り消します。」と言って、こう宣言したというのだ。「ここにいる議員の半分はバカではありません。」

私は「なーんちゃって」もこれに近い知的ユーモアだと思うのである。

著者紹介

森本哲郎（もりもと てつろう）一九二五（大正一四）年～。東京都の生まれ。評論家。著書に『ことばへの旅』『サハラ幻想行』などがある。本文は『日本語根ほり葉ほり』による。

注

① ベルグソン　一八五九年〜一九四一年。フランスの哲学者。著書に『物質と記憶』などがある。
② 林達夫　一八九六(明治二九)年〜一九八四(昭和五九)年。東京都の生まれ。評論家。著書に『歴史の暮方』などがある。
③ ベルグソニズム　(Bergsonism)　ベルグソン主義の意。直観を重んずる考え方。
④ モリエール　(Moliere)　フランス古典喜劇の代表的作家。作品に『タルチュフ』『守銭奴』などがある。
⑤ 片言隻語　ちょっとしたことば。
⑥ チャップリン　(Charles Chaplin)　一八八九年〜一九七七年。イギリス出身の映画俳優・監督。作品に『黄金狂時代』『モダンタイムス』などがあり、喜劇王と言われた。
⑦ アリストテレス　(Aristoles)　前三八四年〜前三二二年。ギリシアの哲学者。著書『詩学』第二部で、笑いについて記述している。
⑧ 深代惇郎　一九二九(昭和四)年〜一九七五(昭和五〇)年。東京都の生まれ。新聞記者。著書に『深代惇郎の天声人語』などがある。
⑨ ウイット　(wit)　とんち。機知。

課題

一、筆者が「人間の感情の中で、いちばん解明しにくいのは『笑い』である。」（193ページ11行目）と考えるのはなぜだろうか。この部分から194ページ27行目までの内容に即してまとめてみよう。

二、「笑い」について考えることを筆者はどう思っているのか、194ページ28行目から197ページ4行目までまとめてみよう。

三、「ユーモア」に対する筆者の考え方についてどのようなことを感じたか、八百字程度の文章にまとめてみよう。

わびの茶道——一期一会

久松真一

一

「一期一会《いちごいちえ》」という言葉は、近いところでは井伊掃部《いいかもん》の『茶湯一会集《ちゃのゆいちえしゅう》』に出ている。同書のはじめに、

> 猶《なお》、一会《いちえ》ニ深き主意あり、抑《そもそも》、茶湯の交会《こうえ》は、一期一会といひて、たとへハ、幾度おなし主客《しゅきゃく》交会《こうえ》するとも、今日の会《え》にふたゝひかへらさる事を思へハ、実ニ我一世一度の会也、去るニより、主人ハ万事ニ心を配り、聊《いささか》も麁末《そまつ》なきやう深切実意《しんせつじつい》を尽し、客ニも此会ニ又逢《あ》ひかたき事を弁《わきま》へ、亭主の趣向、何壱《ひと》つもおろかならぬを感心し、実意を以て交るへき也、是を一期一会といふ、必々《かならずかならず》主客とも等閑《なおざり》にハ一服をも催すまじき筈《はず》之《の》事、即《すんわち》一会集の極意《ごくい》なり

とある。また同書の「独坐観念《どくざかんねん》」のところには、

> 主客とも余情残心《よじょうざんしん》を催し、退出の挨拶《あいさつ》終れハ、客も露地を出《いず》るに、高声ニ咄《はな》さす、静ニあと見かへり出行《いでゆく》は、亭主ハ猶更のこと、客の見へさるまても見送る也、扨《さて》、中潜《なかくぐ》り、猿戸、その外、戸障子など、早々〆立《しめたて》なといたすハ不興千万、一日の饗応《きょうおう》も無になる事なれハ、決而《けっして》客の帰路見えすとも、取かた付急くへからす、いかにも心静ニ茶席ニ立もとり、此時にしり上りより這入《はいり》、炉前ニ

独坐《どくざ》して、今暫《しばら》く御咄も有へき二、もはや何方《いずかた》まて可被参哉《まいらるべきや》、今日一期一会済て、ふたゝひかへらさる事を観念シ、或ハ独服をもいたす事、是一会極意の習なり、此時寂寞《じゃくまく》として、打語《うちかたら》ふものとてハ、釜一口のみニシて、外ニ物なし、誠ニ自得せされはいたりかたき境界なり

—

とある。ずっと昔にさかのぼれば、『山上宗二記』に、

道具ヒラキ、亦ハロ切ハ不及云ニ、常ノ茶湯ナリトモ、路地へ入ヨリ出ルマテ、一期ニ一度ノ会ノヤウニ、亭主ヲ可敬畏

とある。

この「一期《いちご》」というのは「一期の命」などと使われるごとく、「一生涯」を意味し、「一期一会《いちごいちえ》」とは一生涯に一度の会の意味で、それが特に茶会を催す場合の心構え、態度などに関して多く言われておるものである。茶事を催す場合、これが一生涯に一度の会であると観念していれば、万事《ばんじ》に隙《すき》なく心を配り、そこに自己の最善を尽くすことになる。またこの次にやればよいなどというような心掛けでは、本当に身の入った茶事にはならない。これが済めば同じ会は一生にもう二度とはないとの覚悟を持って茶事を催す、それが一期一会である。同じ心構えが、またふだんの稽古の時にもなければならない。この稽古が今済めば、もう二度とはできないとの差し迫った覚悟があって、はじめて稽古は本当に身の入った稽古となるのである。単に茶を行う場合のみならず日常生活に万般において、「一期一会」の心構えをもって事に対処するのでなければならない。実際、人生を深く反省すれば、そうせざるを得なくなるような必然性が人間にはあるのである。「人生は無常である」とはよくいわれることであるが、まことに、私が呼《は》くこの息の次に、吸う息が果たしてできるかどうかは何人も断言しえないのであ

る。それがむしろ人間の生命の実態である。そのようなことを思えば、人間の生命は一方ではまことに果敢《はか》ないもので、もう絶望のほかはないという悲観的な気持にもなるが、また他方、次の瞬間になお命があるのかどうかわからないのだから、今のこの瞬間を精一杯に生きようという、積極的な気持にもなれるのである。無常を、絶望としてただ悲観的にうけとれば、生きることを、消極的なものにしてしまうことになるが、もしわれわれが、人生は無常であるからこそ、この瞬間をフルに生きて、充実した生活をしようと覚悟《かくご》すれば、無常はかえって、積極的な生命肯定の契機となるのである。同じ事が二度とはない、時間は逆行しない、という自覚は、いわば人間生活に背水の陣をしかせることになる。その覚悟で刻々を生きてゆけば、一刻をも尊び、一刻をも無駄に過ごさない、したがってまた仕事を尊ぶ。そういうことが、つもりつもって、人生が本当に充実したものとなるのである。「光陰は矢の如し、時、人をまたず」と言われるゆえんである。

仏教においても「一期一会」に当たることが、違った言葉で、さまざまにいわれておる。例えば禅に、

勇猛の衆生《しゅじょう》の為には①成仏一念にあり、懈怠《けたい》の②比丘《びく》の為には③涅槃三祇《ねはんさんぎ》にわたる

という言葉がある。勇猛精進《ゆうもうしょうじん》して、一刻を惜んで修行し、この次の瞬間はもう自分にはない、この時を過ぎればもう修行することはできなくなるという、そういう覚悟《かくご》をもって勇猛に修行すれば、衆生《しゅじょう》すなわち在家《ざいけ》の者であっても「成仏一念にあり」、つまりこの瞬間に仏になることができる。ところが比丘《びく》すなわち出家の者であっても、まだ明日がある明後日があるなど懈怠《けたい》しておれば、「涅槃三祇《ねはんさんぎ》にわたる」、いつまでたっても涅槃に入ることはできない、というのである。茶の方でも、宗旦《そうたん》にまつわる一つの有名な逸話が

伝わっている。ある時、大徳寺の清巌《せいがん》が「懈怠比丘不期明日」と書き残して帰った。後で宗旦がこれを見て深く感じ、そこから「今日庵」という名が出来たというのである。「不レ期《セ》二明日《ヲ》一」とはすなわち「今日」ということで、④「今日庵」というのは本来そういう深い意味をもった名なのである。明日はもう無い、今日が一生であるということになれば、今日の生活は隙なく充実したものとならざるを得なくなるであろう。

それがさらに徹底し切実となれば、刹那《せつな》が一生ということになる。人間の生命は刹那《せつな》しかないから、刹那刹那を緊張充実して生きるというのは一種の⑤刹那主義であるともいえる。しかしそれは、いわゆる刹那主義とは異なる。世に刹那主義といわれるものは、未来はあてにならぬからその時が何とか過ぎさえすればいいというような、何か絶望的否定的悲観的なものであるが、ここにいう刹那主義は生命の上なき充実であり肯定である。

仏教でよく「⑥三昧《さんまい》」ということが言われるが、三昧とは刹那の中に全生命が隙間なく充満している、あるいは刹那刹那が自分の全体であるということである。また「一塵の中に全世界を含む」とか「一念三千」とか「万法《ばんぽう》一に帰す」とかいう言葉、あるいはごく普通に使われている「一心不乱《いっしんふらん》」とか「物事に没《ぼっ》頭《とう》する」「ものになりきる」とかいうような言葉も、みな同じ事柄を詮《あら》わすものである。

儒教《じゅきょう》で「敬」の字を⑦「主一無適《しゅいつむせき》」と註するが、これも「一心不乱《いっしんふらん》」と同じ意味で、一つの事に全身全霊を注ぎこんでわき目もふらないということが、つまりは「敬」の意味なのである。だから「敬」は本来、俗に言う「人を尊敬する」というようなことには尽きない広い意味をもっているのである。本当に人を尊敬するとは、その人に自分の心を傾倒《けいとう》するということで、つまりはその人に対して「主一無適」になるということである。うわべは敬うごとく装っているが、腹の底では少しも敬ってはいないというようなことのない、表裏の二心のない敬の真実は、「主一無適《しゅいつむせき》」ということでなければ出てこない。茶事を催す時、その茶事に「主一無適」となることは、とりもなおさず茶事を敬い、それに真剣になり、敬虔《けいけん》になることである。結局、「主一無適」は「一期一会」と同様の心掛けを詮わすものと言ってよい。

「一期一会」とか、「主一無適」とか、あるいは本当に敬うとかいうことは、妄念《もうねん》をなくして人間を鍛錬することであり、またある事に上達し、自在になることである。「主一無適」「一期一会」となることによって、はじめて本当に自在な作用《はたらき》が出てくるのである。仏教で「夫れ心は、これを一處に制すれば、事として弁ぜずといふこと無し」（『遺教経』）という。心を一つの處に集中し没頭《ぼっとう》すれば、何事をも自在になしとげてゆくことができるというのである。勉強をするにも、稽古事をするにも、根本の心構え、心の置き所は、雑念を除いて専心になり、一心不乱になる、というところになければならない。難関突破ということも、かくしてはじめて可能となるのである。「勇猛精進」ということが禅の修行などで強調されるのも、一期一会、主一無適になることによって、容易に透過できぬ関所をも打ち破ることができるからである。

「鼠《ねずみ》、銭筒《せんとう》に入って、技既に窮《きゅう》す」という言葉がある。鼠が銭筒《ぜにづつ》に入って底に突き当たり、進むことも戻ることもできないので、まさに進退《ディレンマ》窮《きわ》まった時、その底を突き抜けて窮地を脱せしめるものは、やはり「一心不乱」のほかはない。「窮すれば変じ、変ずれば通ず」という言葉もある。本当に積極的な意味で窮《きゅう》しきるということは、「一心不乱」「一期一会」の態度においてでなければ出てくるものではない。そして一心不乱の絶体絶命であるような窮地においては、その窮地を変じて一切の難関を突破せしめる積極的な力が、その中からおのずと生まれてくるのである。仏教においてもいわゆる「悟りを開く」とか「成仏する」とかいうことが容易なことでないのは勿論であるが、「勇猛の衆生の為には成仏一念あり」と言われるごとく、勇猛精進して主一無適になれば、それは必ずなしとげられるのである。

かように、「一期一会」の覚悟は難関を突破するための人間の唯一の力ともいえる。人間には心を一處に制すれば、事として弁ぜざるはなし、と言われる力が誰にも内蔵されているのである。それは過去において、種々な難関を突破した人々の実例を見ればうなずかれることである。また、どんな困難に遭遇しても恐れることなく邁進《まいしん》し、苦心惨憺《くしんさんたん》、ついに目的を達成するというような場合にみられる意志力というものも、一期一会のところではじめて本当に出てくるものである。一期一会の覚悟がないと、意志の作用も十全には発露されない。たまたませっぱ詰まった状況に追いこまれると、人間にはどこにそんな力があったのか疑われるような異常な力が、精神的にも肉体的にも出てくるものである。それはせっぱ詰まった状況で、人間が一期一会の覚悟を持つからである。つまり、せっぱ詰まったということが、単に否定的な絶望契機《ぜつぼうけいき》にならないで、むしろ絶対肯定契機《ぜったいこうていけいき》となる時に、人間は日常の限界を突破して、異常な自在な力を発揮することができるものなのである。

かように、「一期一会」ということは、われわれが何事をなすにも欠くべからざる大切な心掛けといわなければならない。⑧「茶道箴」には「一期一会を観じて道業《どうぎょう》倦《う》むこと無く」という言葉もあるが、一期一会を観じて主一無適《しゅいつむせき》となり、物事に没頭して全身全霊を打ちこめば、そこに懈怠《けたい》のおこる余地はなく、道業はおのずから倦むことがなくなるのである。

一期一会で物事を行じたあとでは、人はこの上ない生命の充実感、あるいは本当の生き甲斐を感じるであろう。一刻一刻をの覚悟で生きてこそ、本当の生き甲斐、生命の充実を感ずることができるのである。茶事を済まして、やれやれというような、だれた気分になったり、何か自分にとって、まことに辛い厭な仕事から解放されたというような気分になったりしないで、自分のやったことに対して、楽しみと喜びを感じ、さらに静慮反省《じょうりょはんせい》し、それがまた、次の一期一会への励みともなり、新しいスタートともなるのでなければならない。かくてこそ、功利主義に堕《だ》せず、自分の仕事そのものを本当に心から敬うということにもなるのである。やれやれ済んだ、解放された、などという気持ちを起こすのは、自分の仕事を自ら軽んじ、それへの敬意を全く欠いているからである。そんなところには生命の充実感などあろうはずがなく、したがって自ら懈怠《けたい》に流れ、仕事を逃避《とうひ》するようにもなるのである。仕事に没頭する楽しみを失うのは、いわば真に生きる楽しみを失うことであり、生命逃避に通ずるものである。人生を意義あらしめる上に、「一期一会」は不可欠の心構えなのである。

二

このように、「一期一会《いちごいちえ》を観ずる」ということは、われわれが次の瞬間には死ぬのかもしれないというような人生の無常を、ただ悲しいこととして厭世《えんせい》的、消極的にうけとり、宿命として安易にあきらめたり、死後の天国や極楽《ごくらく》にはかない望みをかけて現実逃避《げんじつとうひ》に堕《だ》したりすることではなくして、無常であるからこそ光陰を惜しみ、一刻一刻を最も充実させて生かしてゆくという生命の尊重、現実の肯定をいみするのである。それは素朴な厭世観ではなくして、むしろ批判的楽観的な人生観と言わればならない。無常であるが故にかえって一刻一刻の生命が充実し、茶道の精進もできるのである。

先に「勇猛の衆生の為には成仏一念あり」といったが、もう次の瞬間は無いのだという差迫った覚悟をもち、全身全霊をその瞬間に打ちこむことによって、禅のいわゆる「悟り」も開かれるのである。禅では古来「大疑《たいぎ》の下に大悟《たいご》あり」などというが、われわれが人生に大疑を起こし、その疑いが全身全霊的になり、大疑の外に自己なく、自己の外に大疑なき大疑団となった時、成育した雛《ひな》が殻を破って出るように、その大疑団が忽然《こつぜん》と破れて大悟徹底《たいごてってい》するものである。そういう意味で、現実の繋縛《けばく》の多い人間が、一切の繋縛を断ち切って、自由な人間として甦《よみがえ》る、いわゆる「大死一番絶後に甦る」とか、「死中に活を得る」とかいうことは、一期一会を観ずることなくしてはとうてい実現できるものではない。何事にせよ大きな事は、「虎穴《こけつ》に入《い》らんずば虎児《こじ》を得ず」といわれるように、死地に入るとか、死物狂いになるとかいうことなくしては成しとげられるものではない、レジャーを生かし、創造的にし、寸陰をも惜しんで、瞬間瞬間を充実させてゆくのでなげれば大事は成就《じょうじゅ》するものではない。それが、茶道の稽古の時にも、茶事の時にも、最も大切な心掛けである。

一期一会を観じることによって初めて、道業《どうぎょう》倦《う》むことなきを得るのである。倦むことがないということには、単なる空虚な観念だけに終わってしまわない実質的な内容がなければならない。ただ物事に倦んではいけない、怠慢《たいまん》になってはいけないというだげで、そこに自発性がなかったならば、それは結局、空虚な心掛けというだけのものに終わってしまうであろう。ところが、本当に一期一会を観ずれば、倦《う》もうと思っても倦めない、厭になろうと思っても厭になれない、進んでやらざるを得ない、ということに自然に自発的になってくるのである。それが、道業に倦むことがないということの本当の姿である。

かように「一期一会」は、何事をなすにも肝要な心掛けで、実際、本当に物事を成就したような例を過去にあげてみると、そこで必ず「一期一会を観ずる」心掛けで仕事に没頭し、没頭することによってますます仕事に励みをますということがみられ、「精神一到何事か成らざらん」というような言葉も事実上真実なこととしてうなずかれるのである。また「一もってこれを貫く」というように、それが一生を貫いた仕事となり、しかもその一生の瞬間瞬間が充実した道業となって、遂に大きな仕事をなしとげるということになるのである。「一期一会を観ずる」ことによって、道業に倦まないことが自発性を持ち、したがって実質あるものとなれば、仕事をすることが非常に楽しいことになる。どんな苦しい目に遭っても、たとえ死ぬような目に遭っても、仕事をすることはそれ以上に楽しい、仕事の楽しみは死にも勝る、仕事をしないことは死ぬより辛い、この仕事をやらないくらいなら死んだ方がましだというように、仕事をすることが生死を超えた意味をもってくる。またそういう仕事をしている人は、それだけですでに死を超えた分があると言ってもよいのである。

「道業を倦むこと無く」は茶道にのみ限られるべきものではなく、生活の万般にわたってそうでなければならないのは勿論であるが、しかし茶道における「道業倦むこと無く」には、一切の仕事の典型という意味がある。今日はとかく、茶道はほんの遊び事となり、「⑨遊戯逸楽《ゆうぎいつらく》に流れ」るとか、「⑩好事驕奢《こうずきようしゃ》に趨《はし》る」とか、あるいはある流儀に属してその仲間入りができれば、それでもう茶人になったような気持になるとかいうようなことになっているが、これは本来の茶道とは天地の隔たりがある。茶の修行、稽古というようなことにしても、茶道創業当時の大茶人たちの修行振りは実に一期一会で、真剣勝負のごとくであり、この一刻を逸したらもう次に稽古する機会は無いのだというようにして、まさに寸陰、瞬時を惜しんだもので、この点、今日茶道に関わっている者は深く反省してみる必要がある。

茶道に限らず、従来の日本における伝統的な諸芸の稽古は皆かくのごとくであった。よく禅の修行を形容して、「血の涙、玉の汗」などというが、まことに古人は、何ものにも屈《くっ》せず坐折《ざせつ》せず、どんな苦しいことをも忍んで遂にこれを突き抜けてゆくという不抜《ふばつ》な道《どう》念《ねん》、不抜な意志力をもって修行に励んだのである。昔から諸芸の名人とか達人といわれる人々の伝記などを読むと、その修行振りのいかに真剣で、きびしいものであったかがわかる。それは何ものにも屈《くっ》し撓《たわ》まぬ、勇猛不退の精進であったのである。

右のようなことからいえば、今日一般に、稽古するとか、勉強するとか、修行するとかいうことは全くの遊び事でしかない。だから困難なことに遭遇するとすぐに厭になって坐折《ざせつ》してしまう。あるいは自分の能力をすぐに疑って、コンプレックスに陥ったり、神経衰弱になったりしてすっかり意気沮喪《いきそそう》してしまい、もはや何の仕事にも手がつかないというような情けないという人間になってしまう。甚しきは自暴自棄《じぼうじき》に陥って、せっかく志した初一念を飴のごとくまげてしまって憚《はばか》らない。ことに酷《はなは》だしいのになると、自暴自棄のあげくに自殺してしまうようなことになる。かような情けない有様では大きな仕事は何事も成就できるはずはなく、自分の生命を充実させてゆくというようなことのできるはずもない。「身を捨ててこそ浮かぶ瀬もあれ」と言われるごとく、本当に死物狂いになって物事に没頭し、それに命をかけるというような不屈不抜《ふくつふばつ》の態度があってこそ、一見自分の能力の及ばぬと思われるような所をも突破してゆくことができるのである。しみたれたちっぽけな根性では、せっかく内在する能力をも十分発揮することができないどころか、かえってこれを見殺しにしてしまうことになる。これこそ本当に自殺的行為といわれなければならない。

仏教は「殺生《せっしょう》」ということが非常に重要な戒律《かいりつ》になっている。殺生とは、いうまでもなく、ものの命を取ることであるが、これは普通は、ごく表面的にしか考えておらない。世俗のいわゆる殺生ということ、普通にいう、ものの命を取るということが大切な戒律であることは勿論であるが、本来、殺生戒《せっしょうかい》というものにはそれだけでは尽きない深い意味があるのである。それは何かと言えば、人間の本来もっている真の人間性を殺してはならないということである。仏教では真の人間性を「仏生《ぶっしょう》」という語でいい詮わし、禅では「本来の面目《めんもく》」といっている。そして「悉有仏生《しつうぶっしょう》」といわれるごとく、ありとあらゆるものには仏性があるのである。ところが普通、現実の人間はそれに覚《めざ》めていないが、それに覚めることが、現実の人間の究極の目的である。生きているということの根本的な意味は、仏性すなわち本来の真の人間性に覚めることにあるのである。そして「一期一会」というのは、この仏性に覚めるためのものにほかならず、それがその根本義である。いろいろのわざの修行というものも、畢竟《ひっきょう》するに本来の真の人間性に覚めることを究極の目的とするものといってよいのである。

かような意味で、本来の人間性すなわち仏性、換言すれば「自己本来の面目」を殺すということが、最も深い意味での殺生で、ただ肉体的な生命を断つというだけでは、殺生の意味としてはすこぶる皮相で、不十分といわなければならない。本当の生命は、肉体的な生命を超え、むしろ肉体をして価値あらしめている人間本来の仏性であり、それを断つことが最も本質的根源的な殺生なのである。だから日常の生活においてそのような殺生をなさないことが、自己を本当に生かすゆえんである。われわれが道業倦むことなく修行し稽古するのも、結局はこのような深い本当の意味での殺生戒を守ることにほかならない。われわれ人間は日常、普通にいうようないみでの大殺生戒とは、消極的にいえば、人間の本性を殺さぬことであり、積極的にいえば、それを活《い》かすことである。

著者紹介

久松　真一（ひさまつ　しんいち）一八八九（明治二二）年～一九八〇（昭和五五）年。岐阜県生まれ。哲学専攻、文学博士。西田幾多郎に師事。元京都大学教授。ハーヴァード大学客員教授。京大心茶会、FAS協会を創立。主な著書に『絶対主体道』『禅と美術』『久松真一著作集』『墨海　久松真一の書』などがある。

本文の出典は『茶道の哲学』［講談社学術文庫　一九八七（昭和六二）年］による。

注

① 成仏一念にあり　［仏］煩悩を断じて、悟りを開く。

② 比丘　梵語の音訳、出家して、具足戒を受けた男

子のこと。

③涅槃三袛　涅槃は煩悩を断じて、絶対的な静寂に達した状態。仏教における理想の境地。三袛は釈迦入滅日とされる二月十五日の法会とともに、常楽会、仏忌など、涅槃図をかけ「遺教経」を詠んだ。平安時代には興福寺、石山寺の行事が著名で、宮中でも行われた。

④「今日庵」　千宗旦の作った一畳台目の茶席。京都裏千家にあり、裏千家の庵号となっている。千宗旦は江戸初期の茶人。千利秋の孫。利休の末路を考えて生涯仕官せず、茶禅一味を提唱し、茶説「禅茶録」を著した。

⑤刹那主義　永遠を信じられず、一瞬の現在にかけて生きる態度、ワイルドなどの唯美派が唱えた。

⑥三昧　梵語の音訳。心が統一され、安定した状態。一つのことに心が専注された状態。

⑦「主一無適」　宋の程朱の修養説、程頤が初めて唱え、朱熹がうけついた説。心に敬を存し精神を集中して、外物に心を移さないこと。

⑧「茶道箴」　昭和十六年一月、京大心茶会　創立に際し、著者自らが製作した茶道を学ぶ者の心構えである。当時京都帝国大学の文学部助教授久松の指導を中心とする茶道会として、裏千家家元を道場であった。

⑨「遊戯逸楽」　気ままに遊び楽しむこと。

⑩「好事驕奢」　かわった物事を好んで贅沢であること、風流を好むこと。

課題

一、筆者は茶事のみならず日常生活の万般においても「一期一絵」の心構えで対処しなければならない必然性が人間にはあるという。この必然性がいかに生じるのかについてまとめなさい。

二、「刹那主義」、儒教の「敬」および仏教の「殺生」のそれぞれの語について、日常生活で頻繁に使われる意味と本来の意味の違いを身近な例を用いて説明しなさい。

三、日本人の死生観と勤勉さについて、「一期一会」と関連させて説明しなさい。

ルース・ベネディクト『菊と刀』

大久保喬樹

一九四四年夏、アメリカ軍はサイパン島に上陸し、いよいよ対日戦争終結への具体的構想をたて始めた。その過程で大きな課題のひとつとなったのが、日本人の思考様式、行動様式をどうとらえるかということだった。追いつめられていった日本軍がどのように抵抗するか、最後に降伏という事態を迎えた時どう反応するか、戦後アメリカが占領統治する場合にはどういう形態が適しているか（具体的な例としては、天皇制及び現天皇の扱いをどうすればよいか）等々、ひとつひとつの状況に応じて、アメリカ人とは全く異質の物の考え方をする（らしい）日本人の行動パターンを予測することが、軍事作戦に劣らぬ重要問題として浮かびあがってきたのである。そこで緊急にこの仕事を果すべく白羽の矢をたてられたのが、諸民族の文化型《パターン》の研究で当時アメリカ人類学界の第一人者と目されていたルース・ベネディクトだった。それまでベネディクトは専門的に日本を研究してきたわけではなく、日本語も知らず、日本へ行ったことさえなかった。つまり全くの初歩から日本研究を始めたわけだが、あらゆる手段を動員して日本人の価値観、感情の特質を体系的に把握しようと努めた。そして生まれたのが『菊と刀―日本文化の型』である。

一般西欧人にとって日本人とは、まず何よりも、矛盾のかたまりとして映る。きわめて礼儀正しいと同時に恐ろしく攻撃的で残虐にもなり、頑固一徹であるかと思うとコロリと新しいものに順応し、美と藝術を愛好する人間が冷然たる殺人者でもある。外からみる限り、まるで①ジキルとハイドのように不可解な人種であるが、「菊」と「刀」に象徴されるこうした相容《あいい》れない両極端の性質を数多くあわせもつ不思議な精神構造を解明・理解することは不可能ではない。日本人の精神内部に立ち入ってみれば、それは決して矛盾ではない、合理的で整然としたシステムをなしているはずなのである。

まずそのうち最も重要な原則は、「各々《おのおの》其《そ》ノ所《ところ》ヲ得《え》」ということである。日本民族は、国家としても個人としても、それぞれが状況の中でどういう位置に置かれているかということを重視して行動を決定する。たとえば対米開戦時、日本政府がアメリカ国務長官コーデル・ハルに渡した声明書には次のような表現がみられた。「…万邦ヲシテ各其ノ所ヲ得シメントスルハ帝国不動ノ国是ナリ…」そして、こうして始められた戦いが極限まで力を尽くして敗北に帰すると、今度は日本は、ガラリとそれまでの立場を変え、アメリカに従順な平和国家、民主国家として再生しようと努力し始める。それが新しい世界状況の中で日本の置かれた位置、求められた位置と考えたからである。同様の行動は、死に物狂いでアメリカ軍に抵抗してきた日本兵がひとたび捕虜になると、今度は一転して相手方に友軍の情報をすすんで提供するというようなケースにもみられる。やはり今やアメリカ軍の保護下にあるという自分の位置を悟っての選択なのである。これは、国としても個人としても、内的原理の一貫性を重視する西欧人の考え方からはおよそ理解できない発想であるが、「其ノ所ヲ得」すなわち状況に応じて身を処していくという原則をもつ日本人にとってはごく自然な行動の型《パターン》なのである。

こうした原則は、日本の伝統社会を支えてきた広い意味での階層制度から生まれたものと思われる。これは、江戸幕藩制の下で発達した身分制度に最も顕著にあらわれているが、さらに広く天皇制と将軍制、神道と他宗教というように、様々な領域で、複数の勢力がそれぞれの分《ぶん》を守って――「其ノ所ヲ得」て共存しているという日本に特有の社会のあり方に通じている。

そしてこうした日本社会の特質が内面倫理としてあらわれると、恩と義理に代表される独特の道徳体系となる。日本においては、儒教における仁、キリスト教における愛のような全人格的、総合的な徳は存在せず、複数の種類の恩とそれに対応する恩返しの義務の組みあわせが道徳律を構成している。すなわち、天皇から受ける恩、主君から受ける恩、親から受ける恩、師から受ける恩、さらに様々な世間の人々から受ける恩などと、それに対する忠、孝等の義務である。そしてとりわけ特異なのは、この恩返しの義務に二つの種類があることである。ひとつは、一生を通じて限りなく続く義務であり、もうひとつは、一定の範囲で恩を受けた分だけ返せば済んでしまう義務である。たとえば、実の親への孝の義務は前者に属し、配偶者の親への孝の義務は後者に属する。この後者の義務を日本人は義理とよび、大変に重視する。それは自発的な感情とは無関係の形式的な、金銭貸借にも似た一種の契約関係であるが、社会秩序の根幹として厳密に履行されることを要求する。その結果、しばしば、自発的な感情――人情と衝突したり、前者の義務と相容れなかったりして、当事者を板ばさみの苦悩に追いこむのである。日本人の最も好む物語「②忠臣蔵」に、その端的な例が見られる。

こうして日本人の行動原則は、これら様々の義務の領域、さらに人情や欲望の領域を、互いに折りあいのつくよう巧みに調整していくことにある。そこには西欧人のような罪意識を根底とした内面的、絶対的な道徳基準というものはない。個々の義務項目に違反したかどうか、それによって、世間に対し恥をかいたかどうかということを基準にする対社会的、相対的な目安があるだけである。そして、その結果、日本人は、積極的に自分の信じる善なる行動に努めようとするよりも、世間の目からみて義務違反を犯し、恥をかくことがないよう、自分を抑える訓練、修養を積む。それは、最初の段階では自己抑圧に伴う心理的苦痛《ストレス》をひきおこすかもしれないが、忍耐を重ね、練達するに従って、苦痛なしに自分を統御《とうぎょ》することが可能となる。これこそが日本人にとって至高の精神的境地であり、無我とよばれるものである。日本において発達した禅仏教はその有効な訓練法を開発した。

最後に、以上のような種々の日本文化の特質は、当然、子供の育て方のうちに集約反映されているということができる。幼児期甘やかされて育った日本の子供たちは、やがて物心つくようになると、男女、身分その他の区分に従って厳しく自己を抑え、「其ノ所ヲ得」た行動をとれるように訓練されていく。ここから日本人一般の国民性というものは生まれてくるのである。

はじめに紹介したように『菊と刀』は、対日政策形成という目的に沿って構想された。このことはアメリカにおける異文化研究史上、二つの点で重要な意味を持つ事柄だったといえる。

ひとつは、人文社会科学研究と現実政治、とりわけ国際政治との密接な関係を生みだしたことである。③マッカーサーによる日本占領統治は、天皇制維持、官僚制を中軸とする従来の行政機構の保存活用等、多くの点で巧みに日本社会のシステムに順応利用することで成果を挙げたが、それはまさにベネディクトの主張と一致するものだった。戦後アメリカの外交政策と大学内での国際政治研究、地域文化研究との相互交流には目覚ましいものがあるが、『菊と刀』はその重要な基礎といえる。

いまひとつは、それまで主に原子未開社会の研究に限定されていた文化人類学ないし異文化研究の領域を高度発達社会、現代社会まで広げて、後の都市人類学に通じるような道をつけたことである。

こうして学問方法論的に『菊と刀』は大きな歴史的意義を有しているが、内容的に日本文化解釈においても画期的なものだった。それまでの内外の日本論が、歴史、風土、藝術、思想等様々な面からアプローチを試みながら、なお漠として正体のはっきりしなかった日本人の思考様式、行動様式に正面からとりくみ、その総合的な検討によって、基本構造、原理を明らかにしたという点がそれである。その結果、本書が公刊されるとアメリカ、日本を通じて大きな反響をひきおこし、現在に至るまで日本理解の基礎として深い影響を与えつづけてきている。義理人情をはじめ、従来まで神秘的、情緒的にとらえられてきたものに明瞭な概念規定をほどこし、その論理構造を分析する態度、また、西欧の罪の文化に対する日本の④恥の文化という文化型の対照把握など、細部での誤解や偏見を批判されながらも、その発想の大筋は説得力をもち、戦後の客観的、構造的、社会科学的日本研究に方向づけを与えたと言うこともできる。原著、訳書ともに現在まで版を重ね、その評価も確立し、文字通り日本論の古典となっている。

著者紹介

大久保　喬樹（おおくぼ　たかき）　一九四六（昭和二一）年生まれ。東京女子大学教授。近代日本文学・比較文学研究者。主な著書は『川端康成』［ミネルヴァ書房　二〇〇四（平成一六）年］、『日本文化論の系譜』［中央公論社　二〇〇三（平成一五）年］、『見出された「日本」』［平凡社　二〇〇一（平成一三）年］、『森羅変容—近代日本文学と自然』［小沢書店　一九九六（平成八）年］など多数。

本文の出典は『外国人による日本論の名著』［中央公論新社刊　一九八七（昭和六二）年］による。

注

①ジキルとハイド　二重人格者のこと。イギリスの作家スティーブンソンの小説「ジキル博士とハイド氏」から。ジキルは自分の性格に善悪の二重性があるのを知って、薬品で性格を分離させ、昼は善、夜は悪の生活を送るがついには自殺する。

②忠臣蔵　人形浄瑠璃「仮名手本忠臣蔵」の略称。また、赤穂浪士のかたき討ちを主題とし、日本人の間で好まれている。一七〇六（宝永三）年近松門左衛門が「基盤太平記」を書いて以来、類作が多い。歌舞伎、狂言のみならず小説、映画やテレビドラマなどでも人気を博している。

③マッカーサー　アメリカの元帥。太平洋戦争開戦時の極東軍司令官。のち西南太平洋連合国軍司令官。戦後は連合国最高司令官（G. H. Q. /General Head Quarter）として日本占領統治に当たった。一九五一年、朝鮮戦争での処理問題で解任される。

④恥の文化　他者の内的感情やおもわくと自己の対面とを重視する行動様式によって特徴づけられる文化をいう。文章にはこの「恥の文化」に対する文化として、内面的な罪意識を重視する行動様式として「罪の文化」をあげ、後者が西欧文化の典型であるのに対して、前者を日本人特有の文化体系と考える。すなわち、日本人の行動様式は、恥をかかないとか、恥をかかせるとかいうように「恥」の道徳律が内面化されていて、この行動様式が日本人の文化を特色づけているとする。

課題

一、著者は『菊と刀』の中で、日本人の思考様式、また行動様式をどのように分析したのか、その重要な原則とはなにか、まとめてみてください。

二、本文は日本文化の特質を、どのように分析していたのか、箇条書きでまとめてください。